표현을 확장하고 폭발시키는

마그마 스페인어

VOCABULARY SERIES

필수어휘

조경호

MAGMA
VOCABULARY SERIES
ESPAÑOL

47

nº 1

문예림

표현을 확장하고 폭발시키는
마그마 스페인어 필수 어휘

초판 1쇄 인쇄 2020년 2월 24일
초판 1쇄 발행 2020년 3월 4일

지은이 조경호
펴낸이 서덕일
펴낸곳 도서출판 문예림

출판등록 1962.7.12 (제406-1962-1호)
주소 경기도 파주시 회동길 366 (10881)
전화 02)499-1281~2 **팩스** 02)499-1283
대표전자우편 info@moonyelim.com
통합홈페이지 www.moonyelim.com
카카오톡 ("도서출판 문예림" 검색)

디지털노마드의 시대, 문예림은 Remote work(원격근무)를 시행하고 있습니다.
우리는 세계 곳곳에 있는 집필진과 원하는 장소와 시간에 자유롭게 일합니다.
문의 사항은 카카오톡 또는 이메일로 말씀해주시면 답변드리겠습니다.

ISBN 978-89-7482-913-1(13770)

머리말

〈마그마 스페인어 필수 어휘〉는 처음 스페인어를 시작하는 사람들에게 의사소통이나 독해를 위해 필요한 일련의 기초 어휘를 제공하고 더 나아가 중급 스페인어학습자들에게는 지금까지 배운 어휘들을 주제별로 정리하는 기회를 제공하고자 마련하였습니다.

〈마그마 스페인어 필수 어휘〉는 총 47개의 주제를 다루고 있습니다. 일상생활의 의사소통에 필요한 인사와 소개부터 감정표현 및 성격과 신체묘사, 스포츠와 취미활동 등을 다루었고 스페인어권 지역의 여행 시 필요하리라 여겨지는 호텔 및 레스토랑, 교통수단 등의 주제를 다루었습니다. 그 외에도 컴퓨터, 우체국, 기차역, 거주지, 집안용품 등 스페인 생활에서 유용할 주제들과 함께 스페인 교육체제, 스페인어권 음식 등의 내용도 포함하였습니다.

여러분은 얼마 배우지 않은 언어를 가지고 외국인과 의사소통을 해본적이 있나요? 내가 단어하나를 알고 있었다면 편하게 전할 내용을 손짓 발짓을 하면서 고생 해보았나요? 아니면 마침 내가 알고 있던 몇 개의 단어로 문장을 만들지 않고도 편하게 의사를 표현했었나요? 풍부한 어휘지식은 자신의 생각을 효과적으로 표현할 수 있게 하고 상대방의 생각과 느낌을 이해할 수 있도록 도와줍니다.

이 책을 통해 스페인어 학습자 여러분들의 의사소통과 독해에 필요한 기초 어휘에 대한 준비가 이루어지시길 바랍니다. 항상 도와주시고, 아낌없는 지원을 해주시는 문예림 임직원 여러분께 감사드립니다.

2019년 12월
조 경 호

차례

01 인사

Los saludos

¡Hola! ¿Qué tal?
안녕? 잘 지내니?

- Bien, gracias. ¿Y tú?
잘 지내. 고마워. 너는?

¿Te va bien?
잘 지내지?

Buenos días, ¿te va bien?
안녕하세요? 잘 지내나요?

- Muy bien, gracias. ¿y Ud.?
아주 잘 지내요. 고마워요. 당신은?

¡Adiós hasta mañana!
안녕. 내일 봐요!

- ¡Adiós [= Chao]!
안녕!

✦TIP 친구사이, 서로 잘 아는 사이, 가족관계의 2인칭 단수는 Tú , 목적격은 te 를 사용함.

Buenos días, Sr. Fernando. ¿Cómo está usted?
안녕하세요, 페르난도씨. 어떻게 지내세요?

- Estoy bien, gracias. ¿Y Ud.?
잘 지냅니다. 고마워요. 당신은요?

✦TIP 잘 모르는 사이, 사회적으로 서열이 있는 2인칭 의미의 주격 단수는 Usted[=Ud.] 을 사용함.

¡Hola! ¿Vosotros estáis bien?
안녕! 너희들 잘 지내니?

✦TIP 의미상 2인칭 주격 복수는 Vosotros 인데, 중남미에서는 Ustedes 를 사용함.

만났을 때 하는 인사

1. 친한 사이

- Buenos días, Fernando. ¿Qué tal?   안녕 페르난도. 어떻게 지내?
  - Bien, gracias. ¿Y tú?   잘 지내. 너는?
- ¡Hola! ¿Cómo te va?   안녕! 어떻게 지내?
  - Me va bien, gracias.   잘 지내. 고마워.

2. 처음 보는 사람이나 격식을 차려야 하는 사이

- Buenos días, Señora / Señorita / Profesora :
  안녕하세요? 부인 / 아가씨 / 선생님 (아침인사)
- Buenas tardes, Profesor   안녕하세요? 선생님 (점심인사)
- Buenas noches, Profesor   안녕하세요? 선생님 (저녁인사)
- ¿Cómo está Ud.?   어떻게 지내세요?
  - Estoy bien, gracias. ¿Y Ud.?   잘 지내요, 고맙습니다. 당신은요?
  - Muy bien, gracias.   매우 잘 지내요. 감사합니다.

 헤어질 때 하는 인사

- Adiós / Chao   안녕히 가세요.
- Hasta pronto.   곧 만나요.
- Hasta luego.   나중에 만나요.
- Buen día   좋은 하루되세요 [낮에 헤어질 때]
- Buenas noches   좋은 밤 되세요 [저녁이나 밤에 헤어질 때]
- Hasta mañana / Hasta el lunes / Hasta el sábado / Hasta la próxima semana
  내일 보자 / 월요일에 보자 / 토요일에 보자 / 다음주에 보자
- ¡Hasta la próxima!   다음에 봐요!
- ¡Adiós!   잘 가요!
- ¡Ánimo!   힘내요![일이나 공부하는 사람에게 용기를 붇돋워 줄 때
- ¡Bravo!   브라보!
- ¡Próspero Año Nuevo!   희망찬 새해를 맞이하시길!

¡Buen viaje!
좋은 여행하세요.

¡Feliz Navidad!
메리 크리스마스!

¡Salud!
재채기 하는 사람에게 하는 인사

¡Estudia mucho!
공부 열심히 해라!

¡Buen provecho[apetito]!
맛있게 드세요.

¡Brindemos!   건배!
¡Por la salud!   건강을 위하여!

- ¡Feliz Año Nuevo! 행복한 새해 맞이하세요!
- ¡Felicidades! ¡Felicitaciones! 축하해요!
- ¡Feliz cumpleaños! 생일 축하해요!
- ¡Buena suerte! 행운이 함께하길 [시험이나 어떤 일에 앞서]
- ¡Que se mejore! 건강 회복하세요!
- Espero que se mejore pronto! 빠른 쾌유 바랍니다!
- Espero que no lo haya molestado demasiado.
  폐를 많이 끼쳐 드리지 않았는지 모르겠습니다.
- ¡Lo siento! ¡Perdón! 죄송합니다! / 실례합니다!
- ¡Pase muy bien el día de inocencia! 만우절 잘 보내요!

◆ TIP
- Abrazo(포옹) : 친한 사람 사이에 인사를 할 때, 애정이 담긴 맺음 인사말. 단, 실제 만났을 경우에는 친한 남여 사이에 인사말을 건네며 행해진다.

- Dos besitos(두 번의 키스) : 주로 양쪽 뺨에 가볍게 키스를 한다는 의미. 하지만 연인 사이가 아니라면 소리만 내고 실제 키스는 하지 않는다.

✦AUDIO

Le presento a la señorita Elena.
엘레나 양을 소개합니다.

Ella es mexicana.
멕시코 인입니다.

✦AUDIO

¡Fernando!, esta es Petra.
페르난도! 여기는 뻬뜨라야.

¡Petra!, este es Fernando.
뻬뜨라! 여기는 페르난도야.

¡Buenos días! Señores y señoras. Me presento a Uds.
안녕하세요! 신사숙녀 여러분. 제 소개를 하겠습니다.

Me llamo A-Ra Kim.
제 이름은 김아라입니다.

Yo soy coreana.
저는 한국 사람입니다.

✦ TIP

A-Ra KIM

이름	성
Nombre	Apellido

이름
Nombre completo

사업상 / 격식을 갖춘 상황

- Tengo el honor de presentarles a Fernando.
  페르난도를 소개해 드리게 되어 영광입니다.

  – ¡Hola!, mucho gusto en conocerle a Ud.
  안녕하세요! 만나게 되어 반갑습니다.

✦ TIP Mucho gusto / Encantado(a) 는 처음 만났을 때 하는 인사표현.
    ※ 말하는 사람이 남자일 때 Encantado, 여자일 때 Encantada임. Mucho gusto는
    말하는 사람의 성별과 상관없음.

 격식을 차리지 않는 친근한 상황

- Mira, esta es mi hermana, Cristina.
  봐봐, 여기가 내 누이 끄리스띠나야.
- Aquí es mi marido, Fernando.
  여기 내 남편 페르난도가 있어.
- ¿Conoces a mi primo Miguel?   내 사촌 미겔을 알아?
  – No, mucho gusto, Miguel.   아니, 반가워, 미겔.
  – Encantada, Miguel.   널 알게 되어 기뻐, 미겔.
- Te presento a Miguel.   네게 미겔을 소개할게.

 자신을 소개할 때

- Me presento a Ud.   제 소개를 하겠습니다.
- Mi nombre es Fernando.   제 이름은 페르난도 입니다.
- Yo soy español, y profesor.
  저는 스페인사람이고, 선생님입니다.

03 이름과 주소 묻고 답하기

El nombre y La dirección

* EL VOCABULARIO ESPAÑOL *

¿Cómo se llama Ud.?
이름이 어떻게 되세요?

Mi nombre es Fernando.
제 이름은 페르난도입니다.

¿Cómo se escribe su nombre?
이름의 철자 좀 말해주시겠어요?

Fernando, F-e-r-n-a-n-d-o.
페르난도, 에페, 에, 에레, 에네, 아, 에네, 데, 오

¿Cuál es su dirección?
당신의 주소는요?

어떻게 Cómo	이름이 ~이다 Mi nombre es ~.
철자를 쓰다 se escribe	주소 La dirección
어떤 Cuál	성(姓) El apellido
이름 El nombre	나의 / 당신의 Mi / Su

3. 이름과 주소 묻고 답하기 15

¿Cómo te llamas?
이름이 뭐야?

Me llamo Elena, y ¿tú?
엘레나야. 그럼 넌?

Me llamo Fernando.
난 페르난도야.

¿Dónde vives?
넌 어디 사니?

Vivo cerca de la panadería Seúl.
난 서울 빵집 근처 살아.

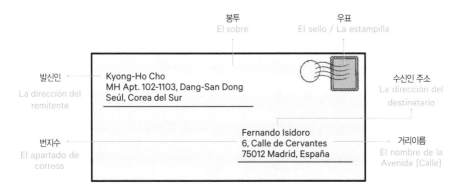

봉투
El sobre

우표
El sello / La estampilla

발신인
La dirección del
remitente

Kyong-Ho Cho
MH Apt. 102-1103, Dang-San Dong
Seúl, Corea del Sur

수신인 주소
La dirección del
destinatario

번지수
El apartado de
correos

Fernando Isidoro
6, Calle de Cervantes
75012 Madrid, España

거리이름
El nombre de la
Avenida [Calle]

✦TIP   스페인 주소는 번지수, 거리이름, 도시, 국가 순서이다.

~를 부르다 llamar	살다 vivir
내가 ~ (이름)불려지다 Me llamo ~	어디 Dónde
그[녀]가 ~ (이름)불려지다 Se llama ~	가까이 Cerca de (≠ 멀리에 Lejos de)

이름묻고 답하기

- ¿Cómo se llama Ud.?   이름이 뭐예요?
- ¿Cómo te llamas? / ¿Cuál es tu nombre?   이름이 뭐니?
  – Me llamo Fernando. / Mi nombre es Fernando.
    제 이름은 페르난도입니다.
  – ¿Cómo se escribe su nombre?
    당신 이름의 철자는 어떻게 됩니까?
  – Elena, E-l-e-n-a.
    엘레나, 에–엘레–에–에네–아.
- Me llamo Miguel, ¿Y Ud.?
  제 이름은 미겔입니다. 그럼 당신은 요?
  – Me llamo Petra.
    저는 뻬뜨라라고 해요.
- ¿Cuál es su nombre?   당신의 이름이 뭐죠?
- Y ¿su apellido?   성은 요?

 거주지묻고 답하기

- ¿Dónde vive Ud.?   어디 사세요?
- ¿Dónde vives tú?   어디 사니?
- Yo vivo en Madrid. / en Dogok-Dong
  마드리드에 삽니다. / 도곡동에

✦ TIP   도시 이름(고유명사)에는 무관사

- ¿Vive Ud. lejos de aquí?
  여기에서 먼 곳에 사시나요?
  – No. Vivo cerca de aquí. Está a diez minutos andando.
    아니요. 근처에 살아요. 걸어서 10분 거리입니다.
- Yo vivo en Barcelona. Y ¿Ud.?
  전 바르셀로나에 살아요. 그럼 당신은요?

3. 이름과 주소 묻고 답하기   **17**

– Yo vivo en Seúl, Corea del Sur. Ahora estoy en Madrid para las vacaciones.
전 한국의 서울에 살아요. 지금은 휴가로 마드리드에 있지요.

• ¿Cuál es su dirección? 주소가 어떻게 되시죠?

– 47, Calle de Sancho. 산초 거리 47번지요.

✦ TIP 이름과 성

스페인어 이름은 하나의 이름과 두 개의 성으로 구분된다. 첫 번째 성은 아버지의 첫 번째 성에서, 두 번째 성은 어머니의 첫 번째 성에서 따온 것이다. 약식으로 인물을 지칭할 경우는 그 사람의 성과 첫 번째 성만 사용한다. 하지만, 두 번째 성까지 포함한 풀네임(Nombre completo)이 공식적 문서 등에는 사용되는 것이 보통이다. 중남미의 경우는 공식적으로 어머니의 성을 안 쓰는 경우도 있다.

Cristóbal Antonio Barrera Isidoro

– Cristóbal Antonio : 이름
– Barrera : 아버지의 성
– Isidoro : 어머니의 성

스페인과 중남미 이름의 예

• Madrid팀에서 뛰고 있는 '호세 마리아 구띠'의 공식 이름은
 → José María Gutiérrez Hernández
• Barcelona팀에서 뛰고 있는 아르헨티나 축구 스타 '리오넬 메시'의 공식 이름은
 → Lionel Andrés Messi

04 국가/국적/언어

El país / La nacionalidad / La lengua

Yo tengo unos amigos extranjeros.

저는 외국 친구들이 몇 명 있어요.

터키인   스페인인   중국인

- Yo los conozco por correspondencia.   저는 펜팔로 그들을 알게 되었습니다.
- Fernando, él es español.   페르난도, 그는 스페인 사람입니다.
- Pero, él vive con sus padres en los Estados Unidos.
  그러나 부모님과 미국에서 살고 있어요.
- Él habla español e inglés.   그는 스페인어와 영어를 말합니다.

◆ TIP   hablar + 무관사 + 언어명(남성단수)

- Luis, él es mexicano.   루이스, 그는 멕시코인입니다.
- Él vive en la ciudad de México.   그는 멕시코시티에 살고 있습니다.
- Él habla español.   그는 스페인어를 말합니다.
- Sulma, ella es colombiana.   술마, 그녀는 콜롬비아 사람입니다.
- Ella vive en Corea del Sur.   그녀는 대한민국에 살고 있습니다.
- Ella habla español y coreano.   그녀는 스페인어와 한국어를 말합니다.

펜팔	la correspondencia	말하다	hablar	스페인어	el español
영어	el inglés	한국어	el coreano	부모	los padres
알다	conocer	미국	los Estados Unidos		

국가 (El país)	국적 (La nacionalidad)	언어 (La lengua)
대한민국　Corea del Sur	coreano / coreana	el coreano
스페인　España	español / española	el español
일본　Japón	japonés / japonesa	el japonés
중국　China	chino / china	el chino
미국　los Estados Unidos	estadounidense	el inglés
영국　Inglaterra	inglés / inglesa	el inglés
프랑스　Francia	francés / francesa	el francés
독일　Alemania	alemán / alemana	el alemán
멕시코　México	mexicano / mexicana	el español
아르헨티나　Argentina	argentino / argentina	el español
콜롬비아　Colombia	colombiano / colombiana	el español
페루　Perú	peruano / peruana	el español
칠레　Chile	chileno / chilena	el español
과테말라　Guatemala	guatemalteco / guatemalteca	el español
볼리비아　Bolivia	boliviano / boliviana	el español
에콰도르　Ecuador	ecuatoriano / ecuatoriana	el español
파라과이　Paraguay	paraguayo / paraguaya	el español
우루과이　Uruguay	uruguayo / uruguaya	el español
니카라과　Nicaragua	nicaragüense	el español
베네수엘라　Venezuela	venezolano / venezolana	el español
엘사바도르　El Salvador	salvatoriano / salvatoriana	el español
온두라스　Honduras	hondureño / hondureña	el español
쿠바　Cuba	cubano / cubana	el español
이탈리아　Italia	italiano / italiana	el italiano
포르투갈　Portugal	portugués / portuguesa	el portugués
브라질　Brasil	brasileño / brasileña	el portugués
캐나다　Canadá	canadiense	el inglés / el francés

～에 살다. ～에 있다. ～에 간다

	1인칭 단수	2인칭 단수	3인칭 단수	1인칭 단수	2인칭 단수	3인칭 단수
Vivir	vivo	vives	vive	vivimos	vivís	viven
Estar	estoy	estás	está	estamos	estáis	están
Ir	voy	vas	va	vamos	vais	van

- Yo vivo en Corea. 난 한국에 산다.
- Él está en España. 그는 스페인에 있다.
- Ella va a México. 그녀는 멕시코에 간다.

 대륙 (El continente)

- El mundo   세계
- América del Norte   북아메리카
- América Central   중앙아메리카
- América del Sur   남아메리카
- Europa   유럽
- África   아프리카
- Asia   아시아
- Australia   오스트레일리아

 출신지 묻기

- ¿De dónde es Ud.? ¿De dónde viene Ud.?   어디 출신이십니까?
- ¿De qué nacionalidad es Ud.?   국적은 어디십니까?

 출신지 말하기

- Yo soy de Corea.   저는 한국 출신입니다.
- Él es español.   그는 스페인 사람입니다.
- Ella es de nacionalidad colombiana.   그녀의 국적은 콜롬비아입니다.

María	: ¡Fernando! Esta es Lili. Ella es china.
	페르난도! 이쪽은 릴리야. 중국인이지.
Fernando	: Hola, Lili. Mucho gusto. Soy español.
	안녕, 릴리. 반가워. 난 스페인사람이야.
Lili	: Mucho gusto, Fernando. Yo no hablo ni español ni
	coreano bien.
	반가워. 페르난도. 난 스페인어도 한국어도 잘 말하지 못해.
Fernando	: Oh, no me importa. Yo nunca hablo coreano.
	오. 괜찮아. 난 한국어를 전혀 못하는데.
	Si quieres estudiar español, te lo enseñaré.
	네가 스페인어를 공부하길 원한다면, 네게 가르쳐 줄께.

✦TIP   No ~ ni ~ ni ~도 아니고 ~도 아니다.

¿Es Ud. japonesa?
일본 사람이세요?

No. yo soy estadounidense de origen coreano.
아니요. 전 한국태생의 [한국계] 미국인입니다.

Soy español.
전 스페인 사람입니다.

Ud. habla español muy bien.
스페인어를 아주 잘하시는 군요.

Yo soy profesora de español.
저는 스페인어 선생님이예요.

¡Ah, bueno!
아 그렇군요.

05 직업
La profesión

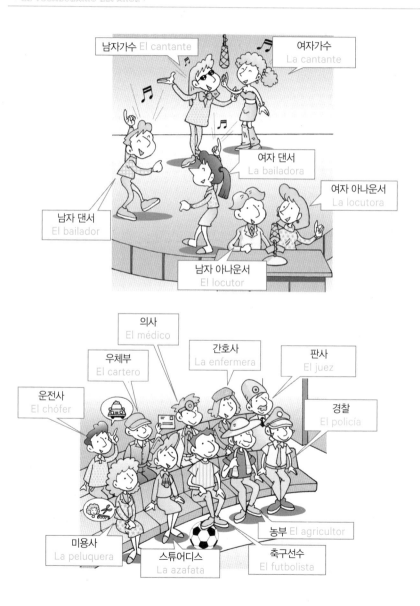

남자가수 El cantante

여자가수 La cantante

여자 댄서 La bailadora

여자 아나운서 La locutora

남자 댄서 El bailador

남자 아나운서 El locutor

의사 El médico

우체부 El cartero

간호사 La enfermera

판사 El juez

운전사 El chófer

경찰 El policía

미용사 La peluquera

스튜어디스 La azafata

농부 El agricultor

축구선수 El futbolista

El Coloquio de Médicos
(의사 심포지움)

피부과 의사	El dermatólogo(a)	수의사	El veterinario(a)
가수	el cantante	선장	el capitán
건축가	el arquitecto	소방관	el bombero
건축인부	el albañil	안경사	el óptico
경비원	el guardía de seguridad	약사	el farmacéutico
경찰관	el policía	어부	el pescador
공무원	el funcionario	언론인	el periodista
공증인	el notario	여자 재봉사	la modista
과학자	el científico	여행사 직원	la agente de viajes
교사	el profesor	요리사	el cocinero
구두닦이	el limpiabotas	우편집배원	el cartero
구두장인	el zapatero	운동선수	el deportista
군인	el soldado	원예사	el jardinero
기술자	el ingeniero	이발사	el barbero
꽃장수	el florista	재단사	el sastre
농부	el agricultor	전기기사	el electricista
디자이너	el diseñador	점원	el dependiente
목수	el carpintero	접수원	el recepcionista
무용가	la bailarina	정비사	el mecánico
바텐더	el bartender	정원사	el jardinero
배관공	el fontanero	정육점 주인	el carnicero
배우(남)	el actor	조각가	el escultor
배우(여)	la actriz	종업원	el camarero
버스기사	el conductor de autobús	과일장수	el frutero
번역사	el traductor	탐정	el detective
변호사	el abogado	택시 기사	el taxista
보석세공인	el joyero	통역사	el intérprete
부동산 중개인	la agente inmobiliario	편집자	el redactor
비서	el secretario	화가	el pintor
파일럿	el piloto	화물차 기사	el camionero
사서	el bibliotecario	환경미화원	el empleado de la empieza
사진사	el fotógrafo	회계사	el contable
생선장수	el pescadero	선원	el marinero

• ¿Qué es Ud.? / ¿A qué se dedica Ud.?
직업이 뭔가요?

• ¿Dónde trabaja Ud.?
어디서 일하십니까?

– Yo soy profesor.
저는 교사입니다.

– Yo trabajo en la empresa Samsung.
저는 삼성에서 일합니다.

06 신체와 건강
El cuerpo y La salud

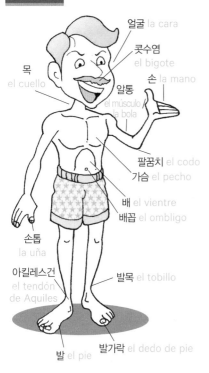

✦AUDIO

얼굴 la cara

콧수염 el bigote

목 el cuello

손 la mano

알통 el músculo/ la bola

팔꿈치 el codo

가슴 el pecho

배 el vientre

배꼽 el ombligo

손톱 la uña

아킬레스건 el tendón de Aquiles

발목 el tobillo

발 el pie

발가락 el dedo de pie

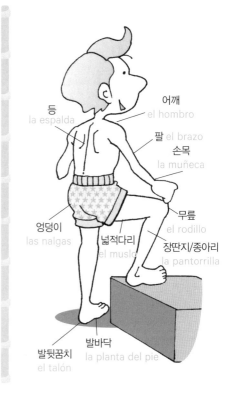

등 la espalda

어깨 el hombro

팔 el brazo

손목 la muñeca

엉덩이 las nalgas

넓적다리 el muslo

무릎 el rodilla

장딴지/종아리 la pantorrilla

발바닥 la planta del pie

발뒷꿈치 el talón

신체 묘사

살찐 gordo/a	날씬한 esbelto/a	포동포동한 gordito/a
마른 delgado/a	비만한 obeso/a	해골처럼 마른 flaco/a
건장한 robusto/a	키 큰 alto/a	키 작은 bajo/a

동맥 la arteria	목구멍 el esófago	방광 la vejiga
뼈 el hueso	맹장 el apéndice	간 el hígado
피 la sangre	근육 el músculo	기관지 la garganta
신경 el nervio	힘줄 el tendón	뇌 el cerebro
정맥 la vena	피부 la piel	위 el estómago
심장 el corazón	장 el intestino	소장 el intestino delgado
대장 el intestino grueso	척추 la espina dorsal	신장 el riñón

이마 la frente

눈꺼풀 el párpado

머리카락 el pelo

겉눈썹 la ceja

눈 los ojos

점 el lunar

속눈썹 la pestaña

눈동자 la pupila

주근깨 la peca

코 la nariz

콧구멍 la ventana de la nariz

얼굴 la cara

잇몸 la encía

치아 el diente

입술 los labios

턱 la mandíbula

목덜미 la nuca

귀 la oreja

볼 la mejilla

입 la boca

혀 la lengua

뾰족한 코 la nariz puntiaguda

주먹코 la nariz protuberante

가늘게 찢어진 눈 los ojos achinados

부은 얼굴 la cara hinchada

슬픈 얼굴 la cara triste

들창코 la nariz respingona

움푹 들어간 눈 los ojos hundidos

숱이 많은 눈썹 las cejas pobladas

통통한 얼굴 la cara regordete

 머리스타일 표현

곱슬머리   el pelo rizado

금발머리   el pelo rubio

끝이 갈라진 머리   las puntas abiertas

땋아 늘인 머리   la trenza

묶은 머리   las coletas

숱많은 머리   el pelo grueso

앞으로 드리운 머리   el flequillo

푸석한 머리   el pelo sin brillo

광택이 나는 머리   el pelo brillante

긴 머리   el pelo largo

대머리   el calvo

떡진 머리   el pelo grueso

뻣뻣한 머리   el pelo de punta

스트레이트 머리   el pelo liso

염색한 머리   el pelo teñido

흰 머리   el pelo canoso

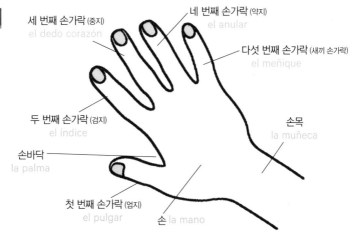

세 번째 손가락 (중지)
el dedo corazón

네 번째 손가락 (약지)
el anular

다섯 번째 손가락 (새끼 손가락)
el meñique

두 번째 손가락 (검지)
el índice

손목
la muñeca

손바닥
la palma

첫 번째 손가락 (엄지)
el pulgar

손 la mano

간호	el cuidado	피검사	el análisis de sangre
변검사	el análisis de excrementos	소변검사	el análisis de la uroscopia
구급	el auxilio de emergencia	구급차	la ambulancia
마취	la anestesia	인공호흡	la reanimación
혈압	la tensión arterial	X선 사진	la radiografía
혈액형	el grupo sanguinario	주사	la inyección

 아픈곳을 묻고 답하기

- ¿Qué le pasa? / ¿Qué problema tiene Ud.? 무슨 일이예요?
- ¿Qué le duele? 어디가 아프세요?

✦ TIP <u>Me</u> duele + 정관사 + 신체의 일부 = 난 ~가 아프다
※ 의미상 주어는 간접목적어에 따라 바뀐다.

- Me duele el estómago / la cintura / la cabeza / el hombro.
배가 아파요 / 허리가 / 머리가 / 어깨가
- Me he abierto la muñeca. 난 팔목을 뺐다.
- Pedro se torció el tobillo. 뻬드로는 발목을 뺐다.
- Sara tiene dolor de cabeza. 사라는 두통이 있다.
- Tengo fiebre y tos. 난 열이 나고 기침을 한다.

 신체 부위를 이용한 표현

- boca abajo 엎드려서
- boca arriba 위를 쳐다보고
- andar de boca en boca 널리 퍼져 있다
- hacer cabeza 어떤 일을 주관하다

- a la cabeza   선두로, 선두에
- escoger hombros   참다
- de primera mano   신제품
- de segunda mano   중고품
- de mano   손으로 만든
- a pierna suelta   마음 편히 [자다]
- echar piernas   허세를 부리다

 감 각 (El sentido)

- Ella tiene ofalto fino.
  그녀는 후각이 예민하다.
- Él tiene buena vista.
  그는 시력이 좋다.
- La abuela tiene hipacusia.
  할머니는 청력이 좋지 않다.
- Tengo una sensibilidad pasada de moda.
  나는 감각이 무디다.
- Él tiene un gran sentido de la estética.
  그는 미적(美的) 감각이 뛰어나다.
- Este niño no tiene el sentido del color.
  이 아이는 색체(色體)에 대한 감각이 없다.
- Mis dedos están entumecidos por el frío.
  나는 추위로 손가락의 감각이 무뎌졌다.

 맛 (El sabor)

단	dulce	짠	salado / salada
신	ácido / ácida	쓴	amargo / amarga
매운	picante	맛없는, 무미한	soso / sosa

병 (La enfermedad)

간질 la epilepsia	감기 el resfriado	경련 los calambres
골절 la fractura	뇌졸증 el derrame cerebral	편두통 la jaqueca
당뇨 la diabetes	독감 la gripe	발열 la fiebre
발진 el sarpullido	베인 상처 el corte	상처 la herida
수두 la varicela	습진 el eccema	암 el cáncer
알레르기 la alergeía	에이즈 el SIDA	염좌 la torcedura
오한 el escalorifrío	홍역 el sarampión	천식 el asma
충치 la caries	치석 la placa bacteriana	화상 la quemadura

약 (La medicina) I

일회용 밴드 la tirita	반창고 el parche / el esparadropo	
붕대 la venda	기침약 el jarabe para las tos	
백신 la vacuna	분말제 los polvos	
생리대 la compresa	소염제 el antiinflamatorio	비타민 las vitaminas
수면제 el somnífero	시럽 el jarabe	알약 la pastilla
약용 크림 la crema	약제 el medicamento	연고 la pomada
완화제 el laxante	인슈린 la insulina	좌약 el supositorio
진정제 el calmante	진통제 el anagésico	처방전 la receta médica
캡슐 la cápsula	콘돔 el condón	피임약 la píldora

La educación fisical
(체육)

Ella levanta los brazos.
그녀는 팔을 든다.

Ella está de pie con las piernas abiertas.
그녀는 다리를 벌리고 서 있다.

Ella se dobla por la cintura.
그녀는 허리를 구부렸다.

Ella está de pie sobre una pierna.
그녀는 한 다리로 서 있다.

Ella extiende los brazos.
그녀가 팔을 펼친다.

Ella levanta los pies juntos.
그녀가 다리를 모아서 든다.

Ella da una vuelta a la cabeza.
그녀는 머리를 한 바퀴 돌린다.

Ella agacha la cabeza.
그녀는 머리를 숙인다.

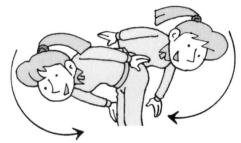

Ella inclina el busto a la derecha y a la izquierda.
그녀는 오른쪽과 왼쪽으로 상체를 숙인다.

Ella se acuesta. / se tumba.
그녀는 눕는다.

Ella está tumbada.
그녀는 누워 있다.

Ella se levanta.
그녀는 일어선다.

Ella está de pie.
그녀는 서 있다.

Ella se sienta.
그녀는 앉는다.

Ella está sentada.
그녀는 앉아 있다.

✦ TIP "estar + 과거분사꼴 형용사"는 상태를 나타냅니다.

  약 (La medicina) II

거즈 la gasa	멀미약 las píldoras para el mareo
방충제 el repelente de insectos	부목 la tablilla
선크림 제 la crema protectora	소독약 el desinfectante
아스피린 la aspirina	젤 el gel
주사 la inyección	철분 el hierro
칼슘 el calcio	탄력붕대 la venda elástica
탈취제 los desodorantes	탐폰(여성용품) el tampón

07 날씨
El tiempo

◆ EL VOCABULARIO ESPAÑOL ◆

◆ AUDIO

En primavera, está templado.
봄에는 따뜻하다.

Las plantas florecen por primavera.
식물은 봄에 꽃이 핀다.

En verano, hace calor.
여름에는 덥다.

La gente va a la playa.
사람들은 해변으로 간다.

En otoño, hace fresco.
가을에는 시원하다.

Caen las hojas del árbol.
낙엽이 떨어진다.

En invierno, hace frío.
겨울에는 춥다.

Se hiela el cuerpo.
몸이 언다.

봄 la primavera	여름 el verano	가을 el otoño
겨울 el invierno	따뜻한 templado(a)	더움 el calor
추위 el frío	낙엽 la hoja caída	꽃이 피다 florecer
얼다 helarse	떨어지다 caer	

Nieva mucho. 눈이 많이 온다.
Los niños juegan arrojándose bolas de nieve,
y hacen muñeca de nieve.
아이들이 눈싸움을 하며 놀고, 그리고 눈사람을 만든다.

Llueve mucho. 비가 많이 온다.
Está húmedo. 날씨가 습하다.

Hace viento. 바람이 분다.
La gente vuela una cometa.
사람들이 연을 날린다.

Hace buen tiempo. 날씨가 좋다.
La gente da un paseo.
사람들은 산책을 한다.

Hace sol.
햇볕이 난다.
La gente toma el sol.
사람들이 선탠을 한다.

Está nublado.
구름이 끼었다.
Va a llover.
비가 오겠다.

El camino está cubierto de hielo. /
El camino está resbaladizo.
길이 빙판이다.
Los coches se resbalan.
자동차들이 미끄러진다.

눈 nieve	비 la lluvia	선탠하다 tomar el sol
온도 el grado	미끄러지다 resbalarse	산책하다 dar un paseo
영하 bajo cero	우박이오다 hace granizo	얼다 helarse
결빙 cubierto de hielo	서리 la escarcha	이슬비 la llovizna
무지개 el iris	바람 el viento	온도 la temperatura

눈이 오다 nieva	비오다 llueve
바람불다 hace viento	눈사람 la muñeca de nieve
눈싸움 arrojarse bolas de nieve	연 la cometa
햇볕 el rayo del sol / el sol	

 온도 묻고 답하기

- ¿Cuál es la temperatura?
  몇 도인가요?
- ¿Cuál es la temperatura máxima de hoy?
  오늘의 최고 온도는 어떻게 됩니까?
- ¿Cuál es la temperatura mínima de hoy?
  오늘의 최저 온도는 어떻게 됩니까?
    - Hace 20 grados de temperatura. 20도입니다.
    - Hace 5 grados bajo cero. 영하 5도입니다.

 날씨 묻고 답하기

- ¿Qué tiempo hace hoy? / ¿Cómo está el tiempo hoy?
  오늘 날씨가 어떻습니까?

Hace + 명사

- Hace calor / frío / viento / sol / buen tiempo / mal tiempo.
  더운 / 추운 / 바람이 부는 / 해가 나는 / 좋은 / 나쁜 날씨입니다.

▨ Está + 형용사(남성 단수)

- Está nublado / templado / húmedo / seco.
  구름이 낀 / 따뜻한 / 습한 / 건조한 날씨입니다.

▨ 비오다, 눈오다(자체 동사 3인칭 단수 또는 진행형).

- Llueve ; Está lloviendo.   비오다; 비가 오고 있다.
- Nieva ; Está nevando.   눈오다; 눈이 오고 있다.

▨ 기타 날씨 표현

- Hoy hace un tiempo estupendo[espléndido / magnífico].
  오늘 날씨가 너무 좋습니다.
- Hace un sol brillante.
  화창한 해가 났습니다.
- Hay niebla.
  안개가 끼었습니다.
- La visibilidad es muy baja.
  가시거리가 매우 낮습니다.
- La visibilidad es de 30 metros.
  가시거리가 30미터입니다.
- Hace un calor sofocante.
  숨막히는 더위입니다.
- Hace un frío terrible.
  끔찍한 추위입니다.
- Hace un frío que pela.
  살이 에이는 듯한 추위입니다.
- El cielo está despejado.
  날씨가 개었다.
- El cielo está cubierto de nubarrones.
  하늘에 먹구름이 껴있다.

천둥	el trueno	번개	el relámpago	우박	el granizo
기후	el clima	폭풍	la tormenta	소나기	el chubasco

08 의복
La ropa

◆AUDIO

주름치마
la falda plisada

바지
los pantalones

폴로티
el polo

여자 블라우스
la blusa

목 폴라
el cuello polo

츄리닝
el chándal

원피스
el vestido

여자 치마 정장
el traje chaqueta

외투
el abrigo

짧은 소매 la manga corta

긴 소매 la manga larga

소매없는 sin mangas

티셔츠 la camiseta

청바지 los vaqueros

치마 la falda

잠바
la chaqueta

겨울 파카
el chaquetón

정장
el traje

반바지
el pantalón corto /
las bermudas

민소매 티
la camiseta sin mangas

남자와이셔츠
la camisa

옷걸이
la percha

비옷
el impermeable

앞치마 el delantal

목도리 la bufanda

목욕가운 el albornoz

방한복(아기용) el bozo

웨딩드레스 el vestido de novia

양복조끼 el chaleco

✦ TIP   No juzgues a los demás sólo por su apariencia.
(겉만 보고 사람을 평가하지 마라.)

- ¿Qué te pones en la fiesta nocturna?　저녁 파티에서 뭐를 입을 꺼니?
  – Me pongo el traje de noche.　난 이브닝드레스를 입을 꺼야.

- vestir + 사람 : ～에게 옷을 입히다.　　· vestir de + 옷 + 사람 : ～에게 ...옷을 입히다.
- vestirse de + 옷 : ...옷을 입다.　　· ponerse + 옷 : ...옷을 입다.
- quitarse + 옷 : ...옷을 벗다.　　· cambiarse de + 옷 : ...옷을 갈아입다.

- Me cambio de la camiseta.　난 티셔츠를 갈아입는다.
- Juan se pone bien[≠ mal].　후안은 옷을 잘[못] 입는다.
- María sigue la moda.　마리아는 유행을 잘 따른다.
- Mario se atrasa en la moda.　마리오는 유행에 뒤떨어진다.
- Es demasiado grande / pequeño(a) / ancho(a) / largo(a).
  옷이 너무 커요 / 작아요 / 헐렁해요 / 길어요.

 할인 (El descuento)

바겐세일　la ganga	할인　la rebaja
점포정리 할인　la liquidación	환불　el reembolso
할부판매　la venta a plazos	할부구매　la compra a plazos
할부상환　la amortización	교환　el intercambio

 복장 (El traje)

캐주얼 복　la ropa de sport	야회복　el traje de noche
군복　el uniforme militar	평상복　el traje de calle

예복을 반드시 착용할 것　Es obligatorio el traje de etiqueta.

 의복 (la ropa)

- 신사복 el traje de caballero　　· 결혼 의상 el vestido[traje] de novia
- 예복 입은 남자 El hombre en traje de etiqueta
- 착복식 la ceremonia de vestirse　　· 야회복 el traje de etiqueta [noche]

속옷/소품들

La ropa interior/ Los accesorios

◆AUDIO

브래지어
el sostén / el sujetador

여자팬티
la braga

손수건
el pañuelo

잠옷
la pijama

스타킹
las medias

양말
los calcetines

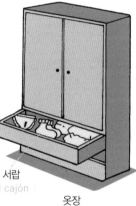

서랍
el cajón

옷장
el armario

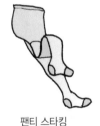

팬티 스타킹
los leotardos

원피스 수영복
el traje de baño

비키니 el bikini	수건 la toalla
실내복 la bata	나이트 가운 el camisón
스카프 la bufanda / el pañuelo	

남자팬티
los calzoncillos

장갑
los guantes

남자수영복
el bañador

허리띠
el cinturón

베레모
la boina

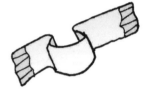

목도리
la bufanda

넥타이
la corbata

챙있는 모자
el sombrero

밀짚모자
el sombrero de
paja de trigo

챙없는 헝겊모자
el gorro

나비넥타이   la corbata de lazo

커프스 단추   los gemelos

중산모   el sombrero hongo

멜빵   los tirantes

앞치마   el delantal

망사 스타킹   las medias de malla

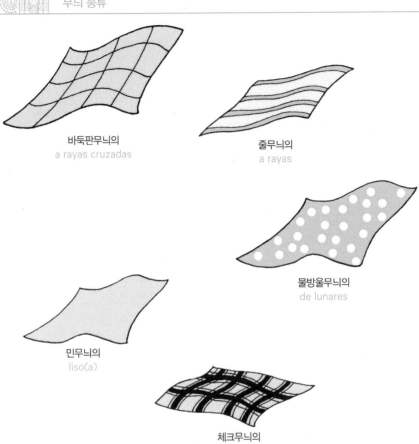

바둑판무늬의
a rayas cruzadas

줄무늬의
a rayas

물방울무늬의
de lunares

민무늬의
liso(a)

체크무늬의
a cuadros

10 신발/악세서리

Los zapatos/Los accesorios

◆AUDIO

운동화
las deportivas

뾰죽구두
los zapatos
de tacón

끈이 없는 간편한 단화
los zapatos sport sin
cordones

샌들
las sandalias

실내화
las chancletas
(de baño)

굽이 없는 구두
los zapatos
de correilla

핸드 백
el bolso
(de mano)

서류 가방
la cartera
(de documentos)

부츠
las botas

배낭
la mochila

여행용 가방 el baúl

숄더백 el bolso		가방 la cartera	
여행가방 la bolsa de viaje, la maleta		지갑 la cartera	
구두끈 los cordones		구두끈 구멍 el ojal	
구두약 el betún		구두 밑창 la suela	
구두 닦기 la limpia de los zapatos		동전지갑 el monedero	

반지
el anillo / la sortija

귀걸이
el pendiente

팔찌
la pulsera

브로치
el prendedor

가는 사슬줄
la cadena

펜던트
el colgante

목걸이
el collar

손목시계
el reloj de pulsera

시계 바늘
la manecilla

시계판
la esfera

자명종
el despertador

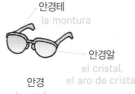

안경테
la montura

안경알
el cristal,
el aro de cristal

안경
las gafas

선글라스
las gafas de sol

뱃지 la divisa	사슬모양 팔찌 la pulsera de cadena
전자시계 el reloj electrónico	뻐꾸기 시계 reloj de cuco
초침 el segundero	발찌 la pulsera para el tobillo

 옷 · 장신구 이용 상황

- Ella se pone las deportivas para dar un paseo.
  그녀는 산책을 하기 위해 운동화를 신는다.

- María se pone las medias / el vestido / las gafas / el sombrero.
  마리아는 스타킹을 / 원피스를 / 안경을 / 모자를 신는다(입는다, 쓴다).

- He puesto mi reloj por la hora de la escuela esta mañana.
  나는 오늘 아침에 학교 시간에 내 시계를 맞췄다.

🏵 신발 가게

- ¿Cuál es su número? / ¿Qué número calza? 치수가 어떻게 됩니까?
  - Mi número es el 40. / Calzo un 40. 제 치수는 40입니다.

🏵 옷 가게

- ¿De qué talla es? 치수가 어떻게 되시나요?
- ¿Qué tallas tienes? 어떤 치수들을 보유하고 계시나요?
- ¿Hay una talla mayor / menor? 한 치수 큰 / 작은 것이 있나요?
  - Es de 38. 38 치수입니다.
  - Tenemos varias tallas. 저희는 다양한 치수를 가지고 있습니다.
  - Lo siento, pero de esa talla ya no lo tenemos.
    죄송합니다. 그 치수의 제품은 저희가 보유하고 있지 않습니다.

🏵 유용한 다른 표현

- Son de muy buena calidad. 매우 좋은 재질의 재품이다.
- Este modelo está de moda. 이 모델이 유행하고 있습니다.
- ¿Puedo probármelo(la)? 제가 그것을 입어(착용해) 봐도 되겠습니까?
- ¿Dónde están los probadores? 탈의실은 어디에 있습니까?
- Me quedo con esto. 제가 이것을 사겠습니다.
- ¿Puede envolverlo(la) para regalo?
  선물로 포장해 줄 수 있습니까?

 재료

금 el oro	실크 la seda	양모 la lana
직물 la tela	면 el algodón	마 el cáñamo
나일론 el nailon	폴리에스테르 el poliéster	고무 el caucho
가죽 el cuero / la piel	백금 el platino	은 la plata
산호 el coral	상아 el marfil	진주 la perla

루비 el rub	호박 el ámbar	다이아몬드 el diamante
동 el cobre	에메랄드 la esmeralda	주석 el estaño
오팔 el ópalo	터키석 la turquesa	사파이어 el zapiro

맘에 든다 / 맘에 들지 않는다

- Me gusta esto. / Me satisface esto. / Me agrada esto.
  난 이것이 마음에 든다.

- No me gusta esto. / No me satisface esto. / No me agrada esto.
  난 이것이 마음에 들지 않는다.

※ 주어가 사람일 경우에는 "estar contento / satisfecho"를 사용한다.

마음에나 있어야 꿈을 꾸지. (속담)

- Ojos que no ven, corazón que no llora.

어울린다 / 어울리지 않는다

- ¿Esta corbata me sienta bien?
  이 넥타이가 내게 잘 어울린다고?

- Esa chaqueta te cae muy bien.
  그 자켓은 네게 너무 잘 어울린다.

- Esta corbata no queda bien a aquel traje.
  저 옷에는 이 넥타이가 어울리지 않는다.

- Eso le queda(= sienta, cae) muy bien.
  그것은 당신에게 정말 잘 어울린다.

구매

- Lo compro. 그것을 삽니다.

- Voy a comprarlo. 그것을 사겠습니다.

- Me quedo con esto. 이것을 삽니다.

- Me quedaré con esto. 이것을 사겠습니다.

11 거주지/집
El lugar de residencia/ La casa

♦ EL VOCABULARIO ESPAÑOL ♦

◆ AUDIO

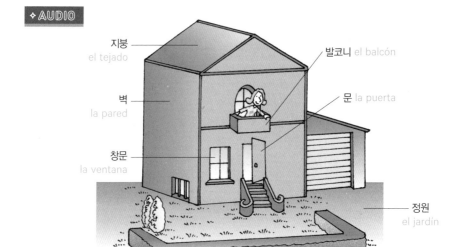

지붕 el tejado

발코니 el balcón

벽 la pared

문 la puerta

창문 la ventana

정원 el jardín

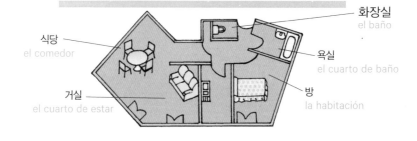

화장실 el baño

식당 el comedor

욕실 el cuarto de baño

거실 el cuarto de estar

방 la habitación

천장 el techo	바닥 el suelo	계단 la escalera
1층 planta baja	입구 la entrada	지하실 el sótano
2층 el primer piso	부엌 la cocina	복도 el pasillo

중앙난방 la calefacción central	창고 el almacén
쓰레기 la basura	개인[별]난방 la calefacción individual
다락(방) el ático	어린이 놀이터 el campo de juegos

- ¿Dónde vive Ud.?
  어디에 사세요?

  – Vivo a un kilómetro de la estación del metro.
    전철역에서 1킬로 거리에 살아요.

  – Vivo a 5 minutos de la parada del autobús.
    버스승차장에서 5분 거리에 살아요.

  – Vivo en la cuadra sexta.
    6 블럭에 살고 있어요.

  – Vivo a una hora de Madrid en coche.
    마드리드로부터 차로 한 시간 거리에 살아요.

- ¿Cuánto tiempo se tarda en llegar a casa de la estación?
  댁이 역에서 얼마나 걸립니까?

  – Se tarda una hora.
    1시간이 걸립니다.

- Hay muchas viviendas públicas en las afueras de Madrid.
  스페인 외곽 지역에는 공영주택이 많다.

- Ella vive en la casa de dos pisos.
  그녀는 2층집에 산다.

- El piso salió aunciado en el diario de ayer.
  그 아빠트는 어제 신문에 광고가 났다.

- Yo pago el alquiler muy caro.
  난 매우 비싼 집세를 낸다.

- Tengo que pagar el alquiler el primero de cada mes.
  집세는 매달 1일에 지불해야 한다.

거주지 형태

빌딩   el edificio
별장   el chalet, el chalé
농가   la vivienda de granjero
탑   la torre
집세   el alquiler
방갈로   la casa de una planta
집주인   el propietario
세입자   el inquilino
기숙사   el dormitorio
팔 집   la casa de venta
세 놓을 집   la casa de alquiler
소개비   la comisión
승강기   el ascensor

성   el castillo
통나무집   la cabaña de troncos
산장   la quinta de montaña
아파트   el apartamento
집   la casa
경비   la guardía
보증금   la caución
복덕방   la agencia inmobiliaria
대학 기숙사   la residencia universitaria
관리비   los gastos de gerencia
광고   el anuncio
계약   el contrato
스튜디오   el estadio

12 방/거실
La habitación/La sala de estar

❖AUDIO

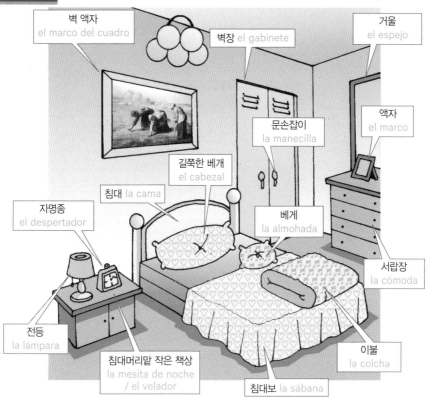

벽 액자 el marco del cuadro

벽장 el gabinete

거울 el espejo

문손잡이 la manecilla

액자 el marco

길쭉한 베개 el cabezal

침대 la cama

베게 la almohada

자명종 el despertador

서랍장 la cómoda

전등 la lámpara

침대머리맡 작은 책상 la mesita de noche / el velador

이불 la colcha

침대보 la sábana

어린이용 침대 la cama de niño	더블베드 la cama doble
싱글베드 la cama individual	전기담요 la manta eléctrica
옷장 el armario	옷걸이 la percha
히터 el radiador	드레스 룸 el guardarropa
에어컨 el aire–acondicionado	베갯잇 la funda de almohada

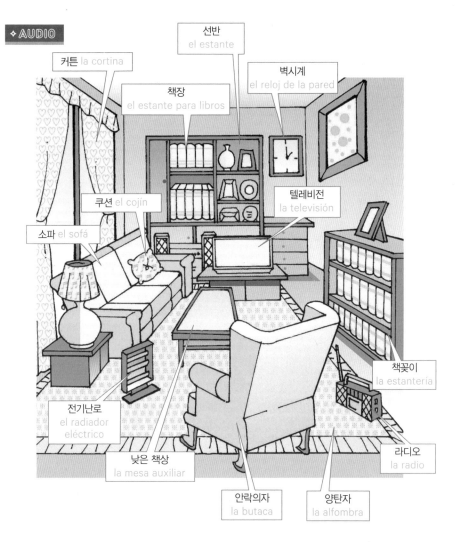

◆AUDIO

선반 el estante

커튼 la cortina

벽시계 el reloj de la pared

책장 el estante para libros

텔레비전 la televisión

쿠션 el cojín

소파 el sofá

책꽂이 la estantería

전기난로 el radiador eléctrico

라디오 la radio

낮은 책상 la mesa auxiliar

안락의자 la butaca

양탄자 la alfombra

오디오	el tocadisco	전화	el teléfono
동그란 의자	la silla redonda	벽난로	la chimenea / el hogar
전구	la bombilla	재떨이	el cenicero
VTR	el aparato de vídeo	형광등	el tubo fluorescente
회전의자	la silla giratoria	환풍기	el ventilador
콘센트	el enchufe	스위치	el conmutador

네모 난 학생용 책가방
la cartera cudrada

베낭모양 가방
la mochila

필통
el estuche

삼각자
la escuadra

연필 el lápiz
연필 꽂이 el sujetaplumas

만년필
el rotulador /
la pluma-fuente

가위
las tijeras

볼펜
el boligrafo

스카치 테이프
la cinta adhesiva

샤프
el lapicero

싸인펜 뚜껑
el capuchón

길죽한 자
la regla larga

책
el libro

공책
el cuaderno

샤프심통
el estuche de minas

지우개
la goma

풀
la pega

연필깎이
el sacapuntas

색연필
el lápiz de color

수첩 / 메모지
la agenda el bloc de notas

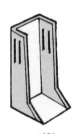

파일
el archivador

수성펜
la pluma a base de agua

붓
el pincel

액체 화이트
el corrector líquido

포스트 잇
el post-it / el papel adhesivo

압정
la chincheta

클립
el clip

호치키스
la grapadora / la corchetera

커터
el cúter

- ¿Dónde estudiaba Ud.?
  어디에서 공부하셨나요?

- Yo estudiaba en Madrid.
  저는 마드리드에서 공부했습니다.

- Yo aprobé en el examen.
  난 시험에 합격했다.

- Yo salí mal en el examen.
  난 시험에 불합격했다.

- En España, el semestre empieza en octubre.
  스페인은 개강이 10월이다.

- ¿Qué asignatura le gusta?
  어떤 과목을 좋아하세요?

- Me gustan el español y las matemáticas.
  저는 스페인어와 수학을 좋아합니다.

- Yo soy fuerte en español.
  난 스페인어에 강하다.

- Yo estoy muy flojo en matemáticas.
  난 수학이 엉망이다.

14 스페인 교육체계
El sistema educativo en España

1. Educación Infantil (유아교육)

1) Primer ciclo : Hasta los 3 años (첫 번째 주기: 3세까지)

① Desarrollo de movimiento (동작의 발달)

② Control corporal (신체 조절)

③ Primeras manifestaciones de la comunicación y del lenguaje
(의사소통과 언어의 초기 표현)

④ Pautas elementales de la convivencia y relación social
(공동체 삶의 기본)

⑤ Descubrimiento del entorno inmediato (주위 환경의 발견)

2) Segundo ciclo : Hasta los 5 años (두 번째 주기: 5세까지)

① Uso del lenguaje (언어의 사용)

② Descubrimiento de las caraterísticas físicas y sociales
(물리적, 사회적 특징 발견)

③ Formación de la imagen positiva y equilibrada
(긍정적이고 평등적 이미지 형성)

④ Adquisición de los hábitos básicos de comportamiento elemental
(기본 행동에 관한 기본 습관의 습득)

2. Educación Primaria (초등교육)

Se inicia a las seis años [durante 6 años] (6세에 시작[6년동안]한다.)

La enseñanza básica es obligatoria y gratuita.
(기초 교육은 의무이며 무상이다.)

3. Educación Secundaria (중등교육)

Se extiende hasta dieciséis [durante 4 años]
(16세까지[4년동안] 기간이다.)

La enseñanza básica es obligatoria y gratuita.
(기초 교육은 의무이며 무상이다.)

※ ① A lo largo de la enseñanza básica se garantiza la educación común para los alumnos. (기초 교육 기간에 걸쳐, 학생들의 공통교육은 보장된다.)

② Los alumnos tienen derecho a permanecer en los centros ordinarios, cursando la enseñanza básica hasta los dieciocho años.

(학생들은 18세까지 교육을 받으면서, 정규 기관에서 수학할 수 있는 권리를 가진다.)

1) Educación Secundaria Obligatoria (의무 중등교육)

Cuatro cursos académicos entre los doce y los dieciséis
(12세에서 16세 사이의 4개의 학교 과정)

Dos ciclos obligatorios (2개의 의무주기)

① Primer ciclo (첫 번째 주기)

    a) Ciencias de la Naturaleza (자연 과학)

    b) Ciencias Sociales, Geografía e Historia (사회과학, 지리학과 역사)

    c) Educación Física (체육)

    d) Educación Plástica y Visual (조형교육과 시각교육)

    e) Lengua castellana, lengua oficial propia

       de la correspondiente Comunidad Autónoma y Literatura
       (스페인어, 현 지자체의 공식언어, 문학)

    f) Lenguas extranjeras (외국어)

    g) Matemáticas (수학)

    h) Música (음악)

    i) Tecnología (기술)

② Segundo ciclo (두 번째 주기)

    La educación secundaria obligatoria se adapta a las características de cada alumno, favorece su capacidad para aprender por sí mismo y para trabajar en equipo y le inicia en el conocimiento de la realidad de acuerdo con los principios básicos del método científico. En la fijación de las enseñanzas mínimas del segundo ciclo, especialmente en el último curso, puede establecerse la optatividad de alguna de estas áreas.

(의무 중등교육은 각 학생의 특징에 맞춰져 있고, 학생 스스로 배우기 위한 능력과 팀으로 일을 할 수 있는 능력을 배양하도록 도와주며, 과학적인 방법인 기초 원리에 맞춰 실질적 지식습득으로 시작을 한다. 두 번째 주기의 결정되어 있는 최소교육 이수 외, 특히 마지막 과정에서 이러한 영역들 중 선택을 할 수 있다.)

2) Bachillerato durante 2 años (고등학교 과정: 2년 동안)

a) Dominar la lengua castellana y la lengua oficial propia de la Comunidad Autónoma.
(스페인어와 지자체의 자체 공식 언어 완전 습득)

b) Expresarse con fluidez y corrección en una lengua extranjera.
(외국어의 유창한 표현과 교정)

c) Analizar y valorar críticamente las realidades del mundo contemporáneo y los antecedentes y factores que influyen en él.
(영향을 줄 수 있는 선조시대 요소들과 동시대 세계의 실체를 비평적으로 분석하고 평가하기)

d) Comprender los elementos fundamentales de la investigación del método científico.
(과학적 방법의 조사에 관한 가장 기본적 요소들 이해하기)

e) Consolidar una madurez personal, social y moral que les permita actuar de forma responsable y autónoma.
(책임있고, 자립적인 행동을 할 수 있는 인성, 사회성, 도덕성 완성하기)

f) Participar de forma solidaria en el desarrollo y mejora de su entorno social.
(자신의 사회 환경 발전과 개선에 책임 있는 참여)

g) Dominar los conocimientos científicos y tecnológicos fundamentales y las habilidades básicas propias de la modalidad escogida.
(기초 과학적, 기술적 지식의 습득과 선택방식에 따른 고유 기본 능력 습득)

h) Desarrollar la sensibilidad artística y literaria como fuente de formación y enriquecimiento cultural.
(문화의 형성과 풍요로움의 원천으로써 예술과 문학적 감각 배양하기)

i) Utilizar la educación física y el deporte para favorecer el desarrollo personal.
(발육을 돕기 위한 체육교육과 스포츠의 이용)

4. Formación Profesional (전문성 형성)

5. Educación Universitaria (대학교육)

6. Educación de personas adultas (성인교육)

- Soy estudiante del departamento de español.
  저는 스페인어과 학생입니다.

- Tenemos 6 (seis) horas de clase al día.
  하루에 6시간씩 수업이 있습니다.

- ¿Son obligatorias todas las asignaturas en tu escuela?
  너희 학교에서는 모든 과목이 필수 이수과목이니?

- No, algunas (asignaturas) son facultativas.
  아니, 몇 과목은 선택과목이야.

- La admisión en esta escuela es por el examen escrito.
  이 학교는 필기 시험에 따라 입학이 허가 됩니다.

- Para ser admitido en esta escuela de bachillerato tiene que haber cursado la segunda enseñanza.
  이 고등학교에 입학하려면 중학교 과정을 이수해야 합니다.

15 은행
El banco

los billetes (지폐)

5(cinco) euros
10(diez) euros
20(veinte) euros
50(cincuenta) euros

100(cien) euros
200(doscientos) euros
500(quinientos) euros

Las monedas (동전)

1(un) céntimo
2(dos) céntimos
5(cinco) céntimos
10(diez) céntimos
20(veinte) céntimos
50(cincuenta) céntimos

◆ AUDIO

En el cajero automático (현금인출기에서)

- Acérquese al cajero automático.
  현금 인출기로 가까이 오십시오.

- Introduzca su tarjeta o empuje el número de su cuenta.
  고객님의 카드를 넣으시거나, 계좌번호를 눌러주십시오.

- Introduzca su tarjeta de crédito y su código secreto.
  고객님의 신용카드를 넣으시고 비밀번호를 입력해 주십시오.

- Empuje su número del pin. [= Introduzca el número secreto]
  고객님의 비밀번호를 누르세요.

- Presione el botón cancelar e introduzca el número correcto.
  취소 버튼을 누르시고, 정확한 번호를 입력해 주십시오.

- Indique la cantidad que desea retirar. 인출하실 금액을 입력해 주십시오.

- Espere un momento. 잠시만 기다려주십시오.
- Ahora cuenta el importe. 지금 현금을 세고 있습니다.
- Primero, recoja la tarjeta y el comprobe. 먼저 카드와 명세표를 받으십시오.
- Recoja el importe. 현금을 받으십시오.

통화	la moneda	계좌	la cuenta
수표책	el talonario de crédito	수표	el cheque
신용카드	la tarjeta de crédito	계좌번호	el número de cuenta

- Su número de cuenta, por favor. 고객님의 계좌번호 부탁합니다.
- Quiero abrir una cuenta corriente. 계좌를 개설하고 싶습니다.
- Enséñeme su pasaporte o carné de identidad.
  제게 여권이나 신분증을 보여주세요.
- Rellene este formulario, por favor.
  이 양식지를 채워주세요.
- Confirme aqueí abajo, por favor.
  여기 아래에 서명하십시오.
- Voy a depositar mil dólares.
  저는 1,000달러를 입금하겠습니다.
- Quiero sacar dinero.
  돈을 찾고 싶습니다.
- ¿El banco me manda mi estado bancario?
  은행이 제게 계좌조회(내역)를 알려주나요?
- ¿Puedo hacer una transferencia?
  이체를 할 수 있습니까?
- Me quedan pocos cheques. Necesito otro talonario.
  제게 거의 수표가 남지 않았습니다. 저는 다른 수표책을 필요로 합니다.

수수료	la comisión	이율	el tipo de interés
환전	el cambio	환전창구	la oficina de cambio
환율	el tipo de cambio	채무자	el deudor
채권자	el acreedor	액면금액	el valor nominal
이체하다	hacer una transferencia	공제/원천징수	la retención
잔고/미불금	el saldo	저당잡히다	hipotecar

16 우체국
La casa de correos

◆AUDIO◆

편지봉투 el sobre

발신인 el remitente

수신인 el destinatario

Kyong-Ho CHOI
...
Corea del Sur
Sr. Lionel Messi
76, Avenida de Picasso
25000 Barcelona

우표 el sello [=la estampilla]

우편번호 el código postal

주소 la dirección

소포 el paquete

우편 엽서 la postal

우체부 el cartero

우체통 el buzón

전보 el telegrama	택배원 el mensajero repartidor
포장 el embalaje	포장하다 embalar
우편물 el correo	우편환 el giro postal
영수증 el recibo	편지/소포에 우표를 붙이다 franquear la carta/ el paquete

- ¿Dónde está la oficina de correos?
  우체국은 어디입니까?

- ¿Dónde se venden sellos de correo?
  어디에서 우표를 삽니까?

- Por favor, envíe esta carta por correo certificado.
  이 편지를 등기로 부쳐 주세요.

- Me gusta mandar esta carta por avión[barco].
  이 편지를 항공[배]편으로 보내고 싶습니다.

- ¿Cuánto es el franqueo de esta carta?
  이 우편의 요금은 얼마입니까?

- Quisiera enviar esto por paquete postal.
  소포로 이것을 보내고 싶습니다.

- ¿Qué hay dentro de este paquete?
  이 소포 안에는 무엇이 있습니까?

- Pasa un poco del peso. Tienes que pagar más.
  중량이 조금 초과됩니다. 돈을 더 지불하셔야 합니다.

- ¿Cuánto tiempo tardará en llegar a España?
  스페인에 도착하는데 얼마나 걸립니까?

- En España, el buzón de correo es amarillo.
  스페인에서 우체통은 노란색이다.

운송료 el porte

운송료 무료 el franco de porte[= flete]

발송인 부담으로 el porte pagado

수취인 부담으로 el porte pagadero al hacer entrega

17 스포츠

El deporte

◆ EL VOCABULARIO ESPAÑOL ◆

◆AUDIO

축구 el fútbol

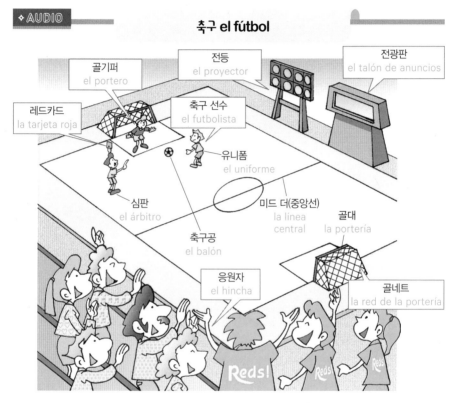

골기퍼
el portero

전등
el proyector

전광판
el talón de anuncios

레드카드
la tarjeta roja

축구 선수
el futbolista

유니폼
el uniforme

심판
el árbitro

미드 더(중앙선)
la línea central

골대
la portería

축구공
el balón

응원자
el hincha

골네트
la red de la portería

페널티 장소 el punto de penalti	잔디 el césped
관중들 los espectadores	월드컵 la Copa Mundial
관중석 la grada	코치 el entrenador
하프타임 el descanso [=la media parte]	선수 el jugador
스페인 축구팀 la Furia Roja / la Selección	연장 la prórroga
스페인리그 la Primera Liga de España	페널티 el penalti
자살골 el autogol/ el gol en contra	업사이드 fuera de juego
옐로우카드 la tarjeta amarilla	슈팅 el chut
득점하다 marcar el gol	경기 el partido

17. 스포츠 **67**

농구 el baloncesto

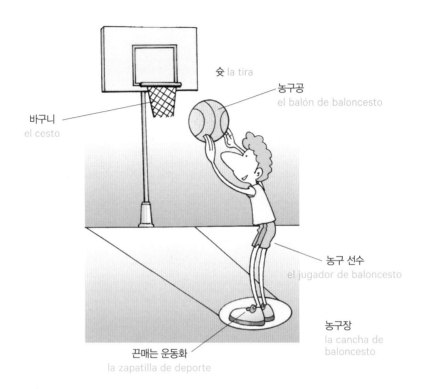

숫 la tira

농구공
el balón de baloncesto

바구니
el cesto

농구 선수
el jugador de baloncesto

농구장
la cancha de baloncesto

끈매는 운동화
la zapatilla de deporte

운동 (el deporte)

크리켓 el críquet	등산 el alpinismo	에어로빅 el aeróbic
조정 el remo	볼링 los bolos	사이클 el ciclismo
레스링 la lucha libre	스쿼시 el squash	하이킹 la caminata
수영 la natación	야구 el béisbol	골프 el golf
하키 el hockey	합기도 el hapkido	체스 el ajedrez
유도 el judo	크롤 el crol	댄스 la danza
달리기 la carrera	당구 el billar	낚시 la pesca

배구 el voleibol	페탕크 la petanca	배드민턴 el badmitón
역도 la pesa	조깅 el footing	핸드볼 el balonmano
육상 el atletismo	펜싱 el esgrima	태권도 el taekwondo

인라인스케이드 los patines en líneas	포환던지기 el lanzamiento de pesa
권투 el boxeo	넓이 뛰기 el salto de longitud
높이 뛰기 el salto de altura	럭비 el rugby
탁구 el pingpong	원반던지기 el lanzamiento de disco
승마 la equitación	윈드서핑 el windsurfing
동계스포츠 el deporte de invierno	수상스포츠 el deporte náutico
아이스하키 el hockey sobre hielo	수상스키 el esquí náutico
오토바이 경주 el motociclismo	랠리자동차경주 el rally
무술 las artes marciales	행글라이더 el aladelta
열기구 el globo aerostático	가라데 el karaté
다트 los dardos	피겨스케이트 el patinaje artístico
스피드스케이트 el patinaje de velocidad	스케이트 el patín
롤러스케이트 el patín de ruedas	자동차 경주 las carreras de automóviles
스키 el esquí	노르딕 스키 el esquí de fondo

운동 선수들 (los jugadores)

수영 선수 el nadador	축구 선수 el futbolista
테니스 선수 el jugador de tenis	잠수부 el submarinista
승마 선수 el jinete	자전거 경주자 el ciclista
육상선수 el atleta	권투선수 el boxeador
레슬링선수 el jugador de lucha libre	역도선수 el jugador de levantamiento

테니스 El tenis

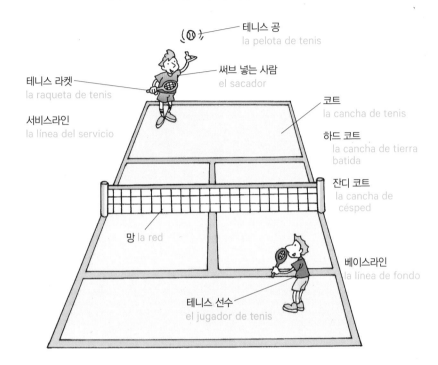

테니스 공
la pelota de tenis

써브 넣는 사람
el sacador

테니스 라켓
la raqueta de tenis

서비스라인
la línea del servicio

코트
la cancha de tenis

하드 코트
la cancha de tierra batida

잔디 코트
la cancha de césped

망 la red

베이스라인
la línea de fondo

테니스 선수
el jugador de tenis

듀스 Iguales	게임 Juego	매취 Partida total
셋트 Set	셋트 포인트 Punto para el set	
오버해드 Servicio por circula de la cabeza		서브지역 Área de saque
서비스 Servicio	어드벤티지 Ventaja	아웃 Fuera
앨리 Espacio marginal de la cancha reservada para los dobles		
발리 Bolea	하프발리 Bote pronto	세트포인트 Punto para partido

러브(스코어 0) cero

Fifteen all → a quince igulaes   Fifteen forty → Quince cuarenta
Fifteen thirty → Quince treinta

서브실수 Falta de pie

포핸드스트로크 Golpe con la parte anterior de la mano

언더핸드 Antiguo golpe dando por debajo a la pelota

남자단식 Individual masculino		여자단식 Individual femenino	
에이스 el as		남자복식 Doble masculino	
여자복식 Doble femenino		체인지오버 Cambio de campos	

올라가다 subir	달리다 correr	뛰다 saltar
기어오르다 trepar	패달을 밟다 pedalear	훈련하다 entrenarse

- Las dos jugadoras están en la cancha de tenis.
  두 여자선수가 테니스 코트에 있습니다.

- Cada jugadora tiene su raqueta.   각각의 선수가 자신의 라켓을 들고 있다.

- No están jugando dobles.   그들은 복식경기를 하지 않는다.

- Un jugador sirve la pelota.   선수가 공을 서브한다.

- El otro la devuelve.   다른 선수가 공을 받아친다.

- El jugador lanza la pelota por encima de la red.
  선수가 네트 위로 공을 때린다.

- La pelota está fuera.   공이 아웃되었다(나갔다).

- ¿Qué deporte le gusta?   어떤 운동을 좋아하나요?

- Me gusta nadar.   저는 수영하는 것을 좋아합니다.

✦TIP   jugar a + 정관사 + 운동명 = ~운동을 하다.

- Quiero jugar al fútbol / al ping-pong / al esquí.
  난 축구/ 탁구 /스키를 하는 것을 좋아한다.

- Los jugadores están en el campo de fútbol.
  선수들은 축구 경기장에 있다.

- Los jugadores lanzan el balón con los pies.
  선수들은 발로 축구공을 찬다.

- El portero guarda la portería.
  골키퍼는 골대를 지키고 있다.

- El portero para el balón.
  골키퍼는 공을 막는다.

- El ala izquierda pasa el balón a un compañero.
  레프트 윙은 공을 동료선수에게 패스한다.

- Raúl mete un gol.   라울은 골을 넣었다.

✦AUDIO

우표수집하다
hacer la filatelia

낚시하다
pescar

사냥하다
cazar

사진찍다
sacar la foto

그림을 그리다
dibujar

범선을 항해하다
navegar en velo

등산하다
subir la montaña

도자기 만들다
hacer la cerámica

뜨개질하다
hacer calceta
[= punto de aguja]

실타래
el ovillo de hilos

연날리다
volar una cometa

영화관에 가다
ir al cine

극장에 가다
ir al teatro

화초 가꾸다
cultivar un jardín

카드
la carta

카드 놀이하다
jugar a la carta

체스판
el tablero de ajedrez

바이올린
el violín

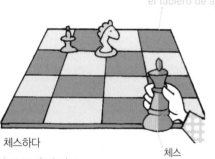

체스하다
jugar al ajedrez

체스
el ajedrez

바이올린 연주하다
tocar el violín

컴퓨터
el ordenador

목공일하다
carpintear

컴퓨터 오락을 하다
jugar al videojuego con el ordenador

- Cuando tengo tiempo libre, yo prefiero estar a solas.
  난 시간이 날 때, 혼자있는 것을 더 좋아한다.

- Cuando tiene tiempo libre, ¿qué hace Ud.?
  시간일 날 때, 무엇을 하십니까?

- ¿Cuáles son tus distracciones?
  네 취미가 뭐니?

- Voy al cine / al teatro / al museo / al concierto.
  저는 영화관 / 극장 / 박물관 / 음악회에 갑니다.

- Me gusta escuchar la música / hacer deporte.
  음악 듣는 것 / 운동하는 것을 좋아해요.

- Me gusta bailar la salsa / el mambo / el tango / el blues.
  저는 살사 / 맘보 / 탱고 / 블루스 추는 것을 좋아합니다.

주방 용품
Los utensilios de cocina

후라이펜
la sartén

냄비
la cacelola

냄비뚜껑
la tapa

압력솥
la olla a presión

여과장치 된 커피포트
la cafetera eclética

믹서기
la batidora

저울
la balanza

토스트기계
la tostada

머그잔
la taza

병따개
el abrebotellas

포도주따개
el sacacorchos

주전자
el hervidor

도마
la tabla de picar

우묵한 샐러드접시
la ensaladera

국자
el cucharón

야채물빼는 채
el colador

휘핑기
el batidor

계량컵
la taza para medir

가위 las tijeras	앞치마 el delantal	강판 el rallador
세척액 el detergente	깔대기 el embudo	식기류(집합적) la vajilla
개수대 el fregadero	수세미 la bayeta	공기(밥) el tazón
쓰레기통 el basurero	냅킨 la servilleta	국자 el cucharón
가스렌지 el horno [=la cocina] de gas	냉장고 el refrigerador	전기렌지 el horno eléctrico [=la cocina eléctrica]
레몬압착기 el exprimidor	스폰지 la esponja	냉동고 el congelador
세탁기 la lavadera	붙박이장 el armario emportado	
수도꼭지 el grifo	쓰레기 la basura	식기세척기 el lavavajillas
스푼 la cuchara	전자렌지 el microondas	

스푼(나무) la cuchara de madera	스푼(차 숟가락) la cucharilla de café
스푼(디저트용) la cuchara de postre	스푼(수프) la cuchara sopera
수프그릇 la sopera	오븐 el horno
요리하다 cocinar	설거지하다 fregar los platos
식탁보 el mantel	접시 el plato
젓가락 los palillos	쟁반 la bandeja
포크 el tenedor	찬장 el aparador
칼 el cuchillo	테이블 la mesa
컵(유리) el vaso de cristal	후드 el cuérvano
컵(손잡이 없는) el vaso	소켓 el enchufe
컵(커피) la taza	가열판 la placa caliente
행주 el trapo	빵자르는 톱니칼 el cuchillo del pan
한벌의 스푼, 나이프, 포크 세트 el cubierto	

- Juan quiere cocinar mucho.
  후안은 요리하는 것을 무척 좋아한다.
- Ella es cocinera profesional.
  그녀는 전문요리사이다.
- María es cocinera de primera.
  마리아는 일류 요리사이다.

- ¿Qué quiere comer esta noche?
  오늘 저녁에 뭘 먹고 싶어요?

- ¿Está el enchufe para la nevera?
  냉장고용 콘센트가 있죠?

- Voy a hacer la torta de chocolate. Y vas a preparar el té.
  나는 초코 케이크를 만들테니, 넌 차를 준비해라.

- Mientras que yo hago la comida, tú fregas los platos.
  내가 요리를 하니, 너는 설거지를 해라.

 어떻게 할까요? (¿Cómo voy a hacer?)

끓이다	hervir	고추를 넣다	sazonar con pimiento
데치다	escaldar	섞다	mezclar
소금을 치다	salar	양념하다	condimentar
익히다	cocer	자르다	cortar
잘게 다지다	picar[=entrecortar]	(기름에) 튀기다	freír
후추를 치다	ehcar pimienta	껍질을 벗기다	pelar
녹이다	derretirse	휘젓다	batir

 계란 (el huevo)

반숙 계란	el huevo pasado por agua	삶은 계란	el huevo duro
계란 프라이	el huevo frito	스크램블 에그	los huevos revueltos
열탕에 익힌 삶은 계란	los huevos escalfatos	또르띠야(오믈렛)	la tortilla

20 집안 용품/개인 용품

Los objetos domésticos/Los objetos personales)

◆ EL VOCABULARIO ESPAÑOL ◆

다리미
el planchador

재봉틀
el costurero

지퍼
la cremallera

진공 청소기 la aspiradora

붓 el pincel

바늘/실 la aguja/ el hilo

재떨이 el cenicero

담배 el cigarrillo
담배한갑 un paquete de cigarrillos

라이터
el encendedor

성냥 el fósforo

백열전구
la bombilla incadescente

빗 el peine

브러쉬
el cepillo de ropa

쓰레기통
el busurero

버튼
el boton

바늘
la aguja

유리판
el vidrio

자명종
el depertador

플러그 el enchufe de clavija
전기스위치 el interruptor

전화 el teléfono

핀 la horquilla

열쇠 la llave
열쇠구멍 el ojo de la cerradura

망치 el martillo

거울 el espejo

빗자루
el palo de escoba

20. 집안 용품/개인 용품 **79**

21 욕실

El cuarto de baño

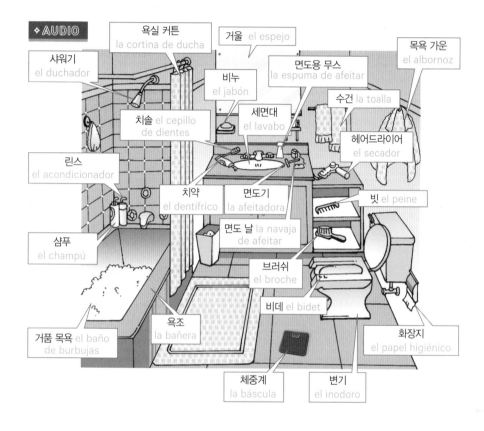

◆AUDIO

욕실 커튼 la cortina de ducha

거울 el espejo

샤워기 el duchador

면도용 무스 la espuma de afeitar

목욕 가운 el albornoz

비누 el jabón

수건 la toalla

치솔 el cepillo de dientes

세면대 el lavabo

헤어드라이어 el secador

린스 el acondicionador

치약 el dentífrico

면도기 la afeitadora

빗 el peine

샴푸 el champú

면도 날 la navaja de afeitar

브러쉬 el broche

거품 목욕 el baño de burbujas

욕조 la bañera

비데 el bidet

화장지 el papel higiénico

체중계 la báscula

변기 el inodoro

더운물 el agua caliente	찬물 el agua fría
화장지 el papel higiénico	플러그 el enchufe
소켓 el enchufe de clavija	마개 el tapón
형광등 el tubo fluorescente	수도꼭지 el grifo
빨래집게 las pinzas	빨래바구니 el cesto de la ropa sucia
빨래 너는 줄 la cuerda para la ropa	건조대 la secadora

Él se afeita mirando en el espejo.
그는 거울을 보고 면도한다.

Él se lava la cara.
그는 세수를 한다.

Ella se maquilla.
그녀는 화장을 한다.

Él se ducha.
그는 샤워를 한다.

Él se baña.
그는 목욕을 한다.

22 자동차/전철/자전거
El coche/ El metro/ La bicicleta

◆ AUDIO

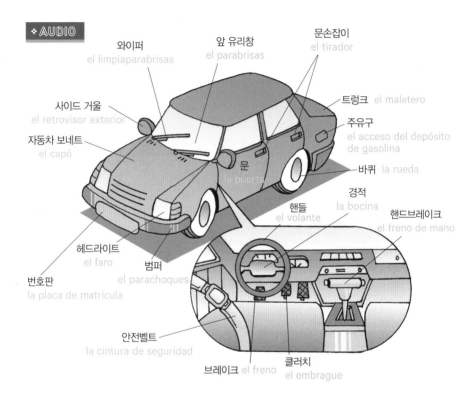

와이퍼 el limpiaparabrisas

앞 유리창 el parabrisas

문손잡이 el tirador

사이드 거울 el retrovisor exterior

자동차 보네트 el capó

트렁크 el maletero

주유구 el acceso del depósito de gasolina

문 la puerta

바퀴 la rueda

경적 la bocina

핸들 el volante

핸드브레이크 el freno de mano

헤드라이트 el faro

범퍼 el parachoques

번호판 la placa de matrícula

안전벨트 la cintura de seguridad

브레이크 el freno

클러치 el embrague

깜빡등 el intermitente	열쇠구멍 el ojo de cerradura
라디오 la radio	모터 el motor
스페어타이어 la rueda de repuesto	밧데리 la batería
온풍기 calentador de aire	백미러 el espejo retrovisor
에어컨 el aire-acondicionado	머플러 el silenciador
속도계 el indicador de velocidad	휘발유급유펌프 el surtidor
배수홈(자동차 지붕의) el canalón	라디에이터 el radiador

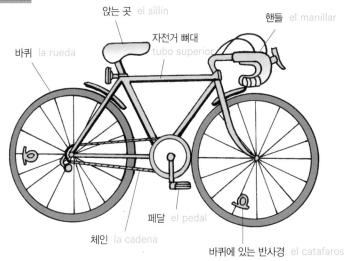

앉는 곳 el sillín

자전거 뼈대
tubo superior

핸들 el manillar

바퀴 la rueda

페달 el pedal

체인 la cadena

바퀴에 있는 반사경 el catafaros

- Yo sé poner el coche en marcha.
  난 자동차 시동을 걸 줄 안다.

- ¿Cómo puedo hacer funcionar las luces de cruce[bajas]?
  어떻게 하향등을 작동시킬 수 있습니까?

- Haga favor de mostrarme cómo cambiar de velocidad.
  기어 바꾸는 방법을 제게 보여주시기 바랍니다.

- ¿Cómo puedo ponerlo en marcha atrás?
  어떻게 후진을 할 수 있을까요?

- ¿Hay una rueda de repuesto?
  스페어 타이어가 있습니까?

- Hay unos rayones en la aleta.
  측면 돌출부에 흠이 나 있습니다.

- El carro necesita gasolina.
  자동차는 휘발유를 필요로 한다.

- El tanque está casi vacío.
  기름통은 거의 비었다.

- Deme cincuenta mil wones de gasolina.
  휘발류 5만원어치 넣어주세요.

- Llene el tanque, por favor.
꽉 채워주세요.

- Haga favor de revisar el agua en el radiador.
냉각수의 물을 체크해 주세요.

- Haga favor de mirar los neumáticos.
이 타이어를 봐 주세요.

- El coche no funciona.
시동이 걸리지 않는다.

- Hace mucho ruido cuando pongo los frenos.
브레이크를 밟을 때, 소음이 많이 난다.

- Está goteando aceite.
오일이 센다.

- El coche se paró de repente.
차가 갑자기 멈췄다.

- Tengo un pinchazo.
타이어가 펑크가 났다.

- Necesito una grúa para remolcar el coche.
차를 끌고갈 렉카가 필요합니다.

- ¿Puede Ud. mandar una grúa?
렉카 좀 불러 줄 수 있나요?

 운전자 (el conductor)

- el chófer de coche / de autobús turístico / de taxi
자동차 / 관광버스 / 택시 기사

- el conductor de tren   기관사(운전사)

- el piloto   파일럿

- el motero   오토바이 운전자

 대중교통 (los medios del transporte público)

- ¿Dónde está la parada de taxi? 택시 타는 곳이 어디입니까?

- Llame un taxi, por favor.   택시 한 대 불러주세요.

- Pare aquí por favor.   여기서 세워주세요.
- Pare en aquel paso de peatones, por favor.
  저기 횡단보도에서 세워주세요.
- ¿Cuánto es?   요금은 얼마죠?
- ¿Va este autobús hasta la Plaza de Mayor?
  이 버스는 쁠라싸 데 마요르까지 갑니까?
- ¿Cuánto cuesta hasta Madrid?
  마드리드까지 얼마입니까?
- ¿Hay algún autobús que haga el recorrido turístico de la ciudad?
  시내 관광버스는 있나요?
- ¿No hay recorrido de un día[medio día]?
  하루[반나절] 코스는 없나요?

 자동차 문제점들 (Los problemas del coche)

- He tenido una avería.   내차에 고장이 났다.
- El coche está golpeando.   자동차가 퍼졌다.
- El motor se calienta demasiado.   엔진 과열이다.
- El coche está vibrando.
  차가 덜덜 거린다.
- ¿Puede Ud. hacer las reparaciones?
  수리를 해주실 수 있습니까?
- ¿Puede revisar el aceite de freno?
  브레이크 오일을 체크해주실 수 있습니까?
- Haga favor de limpiar el parabrisas.
  앞유리를 닦아 주세요.

 차 종류

캠핑트레일러	la caravana	관광버스	el autobús turístico
트럭	el camión	작은 트럭	la camioneta
세미 트레일러	el camión articulado	스포츠카	el coche deportivo
오토바이	la moto	2인용 자전거	el tándem

23 기차/버스/비행기
El tren/El autobús/El avión

◈ EL VOCABULARIO ESPAÑOL ◈

기차역 la estación de ferrocarril

표 los billetes

고속 열차 A.V.E
Alta Velocidad Española

창구직원 la taquillera

창구 la ventanilla

여행객(여) la viajera

여행객(남) el viajero

짐 el equipaje

출발 la salida	도착 la llegada
표에 소인을 찍다 picar los billetes	완행열차 el tren de escala
대기실 la sala de espera	기차(칸) el compartimiento
침대차 el coche—cama	종착역 la terminal
침대칸 el compartimiento de coche—cama	플랫폼 el andén
직행기차 el tren directo	식당차 el coche—comedor
예약 la reservación	개찰구 el portillo de andén
자동발매기 la máquina de venta automática	

Información
Reservación
정보, 예약

Buzón
우체통

Objetos
Perdidos
분실물 센터

Tren
autos-literas
자동좌석기차

Facilidades Para
la minusval a
장애인용

Sala
de espera
대기실

Restaurante
음식점

Consigna
del equipaje
수하물보관소

Carrito
portaequipajes
케리어

Consigna
automática
자동수하물보관소

Facturación
del equipaje
짐부치기

Lugar
de encontrar
만남의 장소

Fumar
흡연실

No fumar
흡연금지

Sello automático
자동개찰기

Teléfono
público
공중전화

Agua potable
식수

Agua no potable
비식수

Aseo
화장실

Primeros auxilios
응급처치

- Dónde se compra el billete(= el boleto)?
  승차권은 어디서 사야하죠?

- ¿Dónde está la parada del autobús para Toledo?
  '똘레도'가는 버스 정류장은 어디죠?

- Voy a bajar en la próxima(= siguiente) parada.
  다음 정거장에서 내립니다.

- Por favor, déjeme bajar aquí.
  여기서 내려주세요.

- ¿Hay algún autobús que haga el recorrido turístico de la ciudad?
  시내 관광버스는 있나요?

표를 검사하다	revisar los boletos
차표를 펀치로 찍다	picar los boletos
개찰원	el revisor
티켓	el billete, el boleto
버스정류장	la parada de autobús
카드 티켓	el carnet de billete
운전기사	el conductor
다음 정거장	la próxima parada

- Quiero reservar un vuelo para Madrid el próximo domingo.
  저는 다음 주 일요일에 마드리드행 항공을 예약하고 싶습니다.

- ¿Tengo que hacer transbordo?   환승을 해야 합니까?

- Quiero anular mi reserva.   예매를 취소하고 싶습니다.

- ¿Quiere registrarse en nuestro programa para viajeros regulares?
  고객(마일리지) 카드를 만드시겠습니까?

- ¿A qué hora sale el avión?   비행기는 몇 시에 출발합니까?

- ¿Cuánto tiempo va a durar?   비행 시간은 얼마나 걸립니까?

- ¿Es vuelo directo? 직항입니까?
- ¿No para durante el vuelo? 도착까지 경유하지 않죠?

화장실 el servicio	사용중(화장실) ocupado
비어있음(화장실) libre	비행기 티켓 el billete de avión
보딩패스 la tarjeta de embarque	착륙하다 aterrizar
공항 el aeropuerto	비행 el vuelo
조종사 el piloto	신고하다 declarar
세금 el impuesto	세관 la aduana
세관원 el aduanero	여권 el pasaporte
비자 la visa	출구 la salida
입구 la entrada	비행기를 타다 tomar el avión
비행기를 놓치다 perder el vuelo	시차 la diferencia horaria
비행기 승무원 la azafata	공항에 마중 나가다 ir a acoger al aeropuerto
시차에 적응하다 adaptar a la diferencia horaria	시차에 고생하다 sufrir de la diferencia horaria

 교통사고 (el accidente de circulación)

차에 치이다 ser atropellado	들것 la camilla
골절 la fractura	붕대 la venda
요오드팅크 el yodo	앰블런스 la ambulancia
상처 la herida	염좌 la torcedura
소독제 el antiséptico	부목 la tablilla
거즈 la gasa	응급실 la sala de urgencia
피흘리다 sangrar	쇼크 el choque
부딪치다 tropezar con	견인차 el motor–grúa

24 휴가/여행
Las vacaciones/El viaje

◆ EL VOCABULARIO ESPAÑOL ◆

- 갈매기 la gaviota
- 구름 las nubes
- 파라솔 el parasol
- 텐트 la tienda
- 선글라스 las gafas de sol
- 지평선 el horizonte
- 미역 las algas
- 바구니 el cesto
- 비키니 el bikini
- 튜브 la boya
- 모자 la gorra
- 비치 타올 el paño de playa
- 해변용 샌들 las chancletas
- 수영객 el nadador
- 불가사리 la estrellamar
- 바다 el mar
- 해변가 la playa
- 해마 la morsa
- 조개 el marisco
- 삽 la palilla
- 모래 la arena
- 수영복 el traje de baño

- Estaré de vacaciones una semana después.
  일주일 후면 난 휴가다.

- Voy a viajar por España.
  난 스페인으로 여행을 떠날 것이다.

- Antes de viajar, siempre pregunto la información a la agencia de viaje.
  떠나기 전에 여행사에 정보를 물어본다.

- Es necesario tener el visado[= la visa] para estar en España
  más de 3 meses.
  스페인에 3개월 이상 머무르기 위해서는 비자가 필요하다.

- Voy a hacer(deshacer) la maleta.
  가방을 쌀(풀) 것이다.

여행가방	la bolsa de viaje	배낭	la mochila
핸드캐리어	el equipaje de mano	서류가방	la cartera de documento
트렁크	el baúl	잠수안경	las gafas de inmersión
호수	el lago	비치볼	la pelota para jugar en el agua
파도	la ola	썬블럭(크림)	el filtro solar, el crema solar
수상스키	el esquí acuático	써핑보드	la plancha de deslizamiento
잠수부	el buceador	잠수하다	sumergirse
수영하다	nadar	일사병	el golpe de calor
잠수부 튜브호흡관	el tubo de respiración	구명조끼	el chaleco salvavidas
침낭	el saco de dormir	공기매트리스	el colchón flotante, el colchón de aire
산소통	el tanque de oxígeno	오리발	la aleta de inmersión

- Al llegar a Madrid. puede pedir el plano de Madrid en la estación del tren o
  del metro.
  마드리드에 도착하면, 기차역이나 전철역에서 마드리드 지도를 요구할 수 있다.

세계지도(전국/ 지방지도) el mapa del mundo(del país / de la región)

(도시의/ 전철) 지도 el plano de la ciudad(del metro)

- Él está de vacaciones en el mar/ la montaña/ el campo/ el extranjero.
  그는 바다에서/ 산에서/ 전원에서/ 외국에서 휴가를 보낸다.

- Antes de tomar el sol en la playa, tenga que poner el crema solar.
  해변가에서는 썬텐을 하기전에 썬블럭(크림)을 바르세요.

- Mientras Micael nada, los niños juegan en la arena.
  미까엘이 수영하는 동안, 아이들은 모래밭에서 놀고 있어요.

- Salgo de viaje de deporte invernal a la montaña para esquiar
  en invierno.
  겨울에는 스키를 타기 위해 산으로 겨울 스포츠 여행을 떠납니다.

- Él esquía en la pista negra porque él es buen esquiador.
  그는 스키를 잘 타서 검은색 트랙에서 탑니다.

- Es interesante tomar el telesquí.
  리프트를 타는 것은 재미있다.

- Durante las vacaciones, prefiero hacer el camping.
  휴가 때 나는 캠핑하는 것을 더 좋아한다.

- Tengo la tienda de la campaña y la caravana.
  나는 텐트와 캠핑트레일러가 있다.

- ¿Vamos de camping? ¿Tiene el saco de dormir?
  우리 캠핑갈까? 침낭 가지고 있어?

- Yo viajaba por España en autoestop(a pie/ en bicicleta/ en coche).
  나는 스페인에서 히치하이크로(걸어서/ 자전거로/ 자동차로) 여행했다.

25 호텔
El hotel

◆ EL VOCABULARIO ESPAÑOL ◆

리셉셔니스트
el recepcionista

접수
la acogida

프론트
la recepción

손님
el cliente

포터
el mozo

손님(여)
la cliente

짐
el equipaje

사장 el jefe, la jefa	호텔지배인 el gerente del hotel
벨보이 el botones	포터 el mozo
방청소부 la camarera	엘리베이터보이 el ascensorista
수위 el portero	비상구 la salida de emergencia
체크인 la inscripción	숙박부 el libro de registro

1인실 la habitación sencilla	2인실 la habitación doble
체크아웃 la verificación	에어콘 el aire-acondicionado
룸서비스 el servicio de la habitación	팁 la propina
모닝콜 el servicio de despertador	목욕가운 la bata
수건 la toalla	히터 la calefacción
비누 el jabón	호텔경영자 el jefe del hotel

 호텔 정보

- ¿Aquí es posible hacer la reserva del hotel?
  여기서 호텔 예약이 가능합니까?

- La reservación fue hecha.
  예약했습니다.

- ¿A nombre de quién?
  어떤 분의 이름으로 예약이 있으시죠?

- ¿Cuál es el precio de la habitación?
  객실 비용은 얼마입니까?

- Deseo cambiar de habitación.
  방을 바꿨으면 좋겠습니다.

- ¿A qué hora tengo que dejar la habitación?
  체크아웃 시간은 몇 시입니까?

- ¿Aceptan cheques de viajero?
  여행자 수표를 받습니까?

- ¿Dónde está el comedor?
  식당은 어디에 있습니까?

- ¿A qué hora abre el comedor?
  식당은 몇 시부터입니까?

- Todavía no me han traído el desayuno que he pedido.
  주문한 아침식사가 아직도 도착하지 않았습니다.

- El inodoro tiene avería.
  변기가 고장입니다.

- No sale el agua caliente.
  온수가 나오지 않습니다.

- Por favor, despiértame mañana por la mañana a las 7.
  내일 아침 7시에 깨워주세요.

- Por favor, tráigame el hielo y el agua potable.
  얼음과 물을 좀 가져다 주세요.

- ¿Quisiera enviar esta ropa a la lavandería?
  이 옷을 세탁 좀 부탁합니다.

- ¿Podría depositar este equipaje?
  이 짐을 맡이 주실 수 있습니까?

- Entréegueme el equipaje depositado.
  맡긴 짐을 찾고 싶습니다.

- ¿Podría guardar los efectos de valor?
  귀중품을 맡아 주실 수 있나요?

- Por favor, deme una carta con la dirección de este hotel.
  이 호텔의 주소가 적힌 카드 한 장 주세요.

- ¿No hay aquí alguien que hable inglés?
  영어를 할 줄 아는 사람은 없습니까?

- Seme olvidó la llave dentro de mi habitación.
  열쇠를 방안에 두고 나왔습니다.

- Por favor, mande que venga el camarero.
  서비스맨 한 명 올려보내 주세요.

- Esta habitación es muy ruidosa.
이 방은 너무 시끄럽습니다.

- Ahora voy a dejar la habitación.
지금 방을 비우겠습니다.

- Por favor, mande a un camarero para llevar mi equipaje.
짐을 가지고 내려갈 사람을 보내주세요.

- Por favor, llame un taxi.
택시 좀 불러 주세요.

- La cuenta, por favor.
계산서 부탁합니다.

26 컴퓨터/정보처리
El ordenador / La informática

EL VOCABULARIO ESPAÑOL

헤드폰
los auriculares

모니터 el monitor

스피커
el altavoz

종이
el papel

프린터
la impresora

디스켓
la disqueta

마우스
el ratón

키보드
el teclado

휴지통
la papelera

- El niño quiere entrar en línea. 아이가 온라인에 접속을 원한다.
- Prende el ordenador. 컴퓨터를 부팅시킨다.
- Hace clic con el ratón. 마우스로 클릭을 한다.

메뉴표시줄 la barra del menú	커서 el cursor
스캐너 el escáner	하드디스크 el disco duro
레이저프린터 la impresora de láser	잉크젯프린터 la impresora de tinta de burbujas
토너 el tóner	비디오카드 la tarjeta de víoeo
네트워크 카드 la tarjeta de red	연장코드 el alargador
프로세서 el procesador	CD드라이브 el lector de CD–Rom

게시판 los foros	윈도우 la ventana
브라우저 el navegador	사운드카드 la tarjeta de sonido
북마크 la marca de índice	서버 el servidor
인터넷 사용자 el cibernauta	인터넷 el internet
모뎀 el módem	메일주소 la dirección del correo electrónico
웹사이트 el sitio de Web	해커 el pirata
채팅 el chat	홈페이지 la página de inicio
소프트웨어 el software	서핑하다 navegar
문자 el texto	댓글 el comentario
악플 el mal intencionador	도메인시스템 el sistema de nombres de dominio
바이러스 el virus informático	부팅디스켓 el disquete de arranque
백신 el antivirus	백업 la copia de seguridad
마우스패드 la alfombrilla	아이콘 el icono
툴바 la barra de herramientas	스팸 el correo basura

질문방 FAQ(Respuestas a las preguntas más frecuentes)

www	: tres ube doble	_	: la raya baja
@	: la arroba	/	: la barra oblicua
.	: el punto	,	: la coma
—	: la raya	&	: el apóstrofo
‖	: dos ele	모두 붙여서	: todo unido
대문자 A	: A mayúscula	소문자 a	: a minúscula

- Navega la red[＝el internet]. 웹서핑을 하다.
- Quiero regresar a un sitio anterior.
  이전 사이트로 되돌아가고 싶다.
- Oprime[＝pulsa] el botón regresar.
  리턴 키를 누르다.
- Ella no quiere guardar el archivo.
  그녀는 파일을 보관하기를 원하지 않는다.
- No lo necesita y lo borra.
  파일이 필요 없어, 지운다.

- Cuando termina, apaga el ordenador.
  끝낼 때, 컴퓨터를 끈다.

- El ordenador se paró.
  컴퓨터가 다운 됐다.

- La carpeta tiene varios archivos.
  그 폴더는 여러 파일들을 가지고 있다.

- Si quiere trasladar un archivo a otra carpeta, lo puede arrastrar y colocarlo en la carpeta donde lo quiera.
  만약 한 파일을 다른 폴더로 옮기길 원한다면, 그것을 드래그하고, 원하는 폴더에 그것을 위치시킬 수 있습니다.

- Para copiar y mover sus archivos a diferentes carpetas en su unidad de disco duro es fácil usar su ratón para arrastrarlo.
  당신의 하드디스크에 있는 파일들을 다른 폴더로 복사 하거나, 옮기기 위해서는 그것을 드래그용 마우스를 사용하는 것이 편하다.

 이메일 (el correo electrónico)

이메일	el correo electrónico, el e-mail
받은 편지함	la bandeja de entrada
보낸 편지함	la bandeja de salida
발송 항목	la carpeta de elementos enviados
삭제 항목	la carpeta de elementos eliminados
휴지통	la carpeta de borradores
스팸편지	el correo no deseado
모르는 사용자	el usuario desconocido
첨부파일	el documento adjunto

- Si quiere, puede descargar muchas cosas en su ordenador.
  원한다면, 당신의 컴퓨터에 있는 많은 내용들을 다운 받을 수 있다.

- Si quiere, puede grabar sus archivos en un disco.
  원한다면, 당신의 파일들을 CD에 구울 수 있다.

- Cuando recibe un correo electrónico, puede contestar.
  이메일을 받았을 때, 답장을 할 수 있다.

- Puede archivar el mensaje.
  (이메일)메시지를 저장할 수 있다.

- Puede imprimir el mensaje.
  (이메일)메시지를 출력할 수 있다.

- Puede eliminar el mensaje.
  (이메일)메시지를 삭제할 수 있다.

- A veces envía un documento adjunto con el e-mail.
  가끔 이메일과 함께 첨부파일을 보낸다.

- Unos documentos adjuntos de usuarios desconocidos pueden contener un virus.
  모르는 사용자가 보낸 첨부파일에는 바이러스가 포함되어 있을 수 있다.

27 전화
El teléfono

EL VOCABULARIO ESPAÑOL

◆ AUDIO

Suena el teléfono
전화벨이 울린다.

Escoge el receptor, y contesta.
수화기를 들고 대답한다.

Marca el botón del teléfono.
전화번호를 누른다.

Cuelga el receptor.
수화기를 내려놓는다.

수화기	el receptor	전화버튼	el botón
핸드폰	el móvil	자동응답기	el contestador automático
요금	la tarifa	전화카드	la tarjeta telefónica
전화번호부	la guía telefónica	발신음	la tonalidad
전화박스	la cabina telefónica	내선(인터폰)	el interfono
메시지	el mensaje	긴급전화	la llamada urgente
교환원	el telefonista	국가번호	el código del país

🏵 지역번호(Código regional)

스페인국가번호	34	마드리드	91
바르셀로나	93	그라나다	958
꼬르도바	957	발렌시아	96
사라고사	976	똘레도	925

- ¿Podría usar el teléfono? 전화를 사용할 수 있습니까?
- Aló/ Hola/ Diga/ Oiga
  여보세요.(*Diga: 받는 사람이 사용, Oiga: 거는 사람이 사용)
- ¿Quién habla? 누구세요?
- ¿Es Ud. el Sr. Marco? 당신이 마르꼬 씨입니까?
- Aquí habla Marco. 저는 마르꼬입니다.
- Quisiera hablar con el Sr. Mario. 저는 마리오씨와 통화를 하고 싶습니다.
- Un momento, por favor.
  잠시만 기다리세요.
- Él no está aquí ahora.
  그분은 지금 여기에 안계 니다.
- Llame otra vez, por favor.
  다시 전화 걸어주세요.
- ¿Cuál es su número de teléfono?
  전화번호가 어떻게 되시죠?
- La línea está ocupada.
  통화 중입니다.
- Por favor, hable más fuerte.
  더 큰소리로 말씀해 주세요.
- Quiere que le transmita algún mensaje?
  전할 말씀이라도 있습니까?
- Ahora está en medio de una conferencia.
  그는 지금 회의 중입니다.
- Aquí no hay nadie con ese nombre.
  그런 이름을 가진 사람은 여기에 없습니다.
- Perdón, me he equivocado.
  죄송합니다. 잘못 건 것같습니다.

- ¿Hace muchas llamadas de larga distancia?
  장거리 전화를 많이 거십니까?

- Gracias por haber llamado.
  전화 걸어주셔서 감사합니다.

- Por favor, hable más despacio.
  좀 더 천천히 말씀해 주세요.

- Volveré a llamar más tarde.
  나중에 다시 전화드리겠습니다.

- Por favor, dígale que me telefonee.
  저에게 전화를 걸으라고 전해주십시오.

- Por favor, comuníquele que he llamado.
  제가 전화 걸었다고 전해주십시오.

 응답기 (el contestador)

1) Hola. Habla José. Perdone que no pueda contestar a su llamada ahora. Deje un mensaje, y espéreme al lado de su teléfono hasta que yo le llame.
   안녕하세요. 호세입니다. 당신의 전화를 지금 받을 수 없어 죄송합니다. 메시지를 남겨주세요. 그리고 전화드릴 때까지 전화 곁에서 절 기다려 주세요.

2) Este es el contestador de Juan en estos momentos no puedo atenderte, deja su mensaje después de escuchar la señal y en breve me pondré en contacto con Ud.. Garacias. Piiiiiiiiii.
   이것은 후안의 자동응답기입니다. 지금 제가 응대할 수 없습니다. 삐소리를 들으신 이후 메시지를 남겨주세요. 잠시 후 제가 연락드리겠습니다. 감사합니다. 삐~~~~.

 주요 전화번호 (Los números importantes)

- 전화번호 안내 Información telefónica   (국내) 1003 / (국제) 025
- 위급상황 Servicio de Emergencia y Rescate   112
- 응급의료서비스 Ambulancia   061
- 경찰/중앙 Policía nacional   091
- 경찰/시립 Policía municipal   092
- 소방서 Bomberos   080

28 감정

El sentido- Ⅰ

Hace calor
덥다

Hace frío
춥다

Tener hambre
배고프다

Estar desilusionado
실망스럽다

Estar bien
기분 좋다

Estar enfadado
[=enojado]
화난다

Estar triste
슬프다

Estar llorando
울고 있다

Estar riendo
웃고 있다

Así es la vida.
[=Sea lo que sea.]
(알게 뭐람) 될대로 되라지.

Tener sed
목마르다

Estar cansado
피곤하다

- Muy bien. 아주 좋아.
- Me siento de maravilla. 기분 너무 좋다.
- Me muero de felicidad. 즐거워 죽겠어.
- ¡Qué emoción! 너무 감동이다!
- Es la primera vez que siento esto. 이런 기분은 처음이다(너무 좋다).

 기분 나쁠 때

- Muy mal. 너무 싫다.
- Me enfadé mucho. 난 너무 화났다.
- Me enfurece mucho. 나를 너무 화나게 한다.
- Realmente me fastidias. 너는 나를 진짜 짜증나게 한다.
- No me provoques. 나 자극하지마(성질 건드리지마).
- No puedo soportar mi enfado. 난 화를 참을 수 없다.
- ¿Estás buscando problemas? 너 일만들고 있는 거 알지?

 슬플 때

- Muy triste. 너무 슬프다.
- No tengo ganas de vivir. 살고 싶지 않아.
- Estoy muy de mal humor. 매우 우울하다.
- ¡Qué suerte que no te ha pasado algo peor! 불행 중 다행이다.
- He llorado por toda la mañana. 오전 내내 울었다.

 사과할 때

- Disculpe. 미안합니다.
- Excúseme. 용서해 주세요.
- Le pido perdón. 용서를 구합니다.

- Me siento muy apenado por lo que he hecho.
제가 저지른 일에 대해 죄송합니다.

 귀찮거나 힘들고 괴로울 때

- ¡Me vuelve loco!   미치겠네!
- ¡Métete en tus propios asuntos!   네 일이나 신경써라!
- ¡No es asunto tuyo!   너랑 상관없잖아!
- Ya no puedo soportarlo más.   난 더 이상 그것을 수용할 수 없다.
- Ya no espero más.   난 더 이상 기다리지 않아.
- Estoy muy deprimido.   난 완전히 맥이 빠져있다.
- La situación es bastante desesperante.   상황이 완전 절망적이다.

 화날 때

- ¡Cállate!   조용히 해(닥쳐)!
- ¡Basta!   충분해(됐어)!
- ¡Vete! / ¡Fuera de aquí! / ¡Quítate de mi vista!   나가(꺼져)!
- ¡No me molestes!   날 짜증나게 하지마라!
- ¡Nadie te ha preguntado nada!   누구도 네게 질문하지 않았다!
- ¡Me estás tomando el pelo!   나 놀리고 있는 거지!
- Estoy muy enojado contigo.   난 네게 매우 화났다.
- Estoy muy enfadado, así que no me hables.   나 매우 화났으니, 말 붙이지마라.

29 감정
El sentido- Ⅱ

Tengo miedo.
나는 무서워요.

Me preocupo.
나는 걱정이 돼요.

Oh, Dios Mío.
오, 세상에.

No me gusta la carne.
나는 고기를 싫어해요.

Me encanta mucho la torta.
나는 케이크를 아주 좋아해요.

¡Oh! ¡Qué sorpresa!
어머나! 정말 놀라와요!

두려움

- Tengo miedo a los perros. / Me da miedo el perro.
  나는 개를 무서워 한다.

- Casi me da un infarto.
  간 떨어질 뻔했다.

- Me muero de miedo.
  무서워 죽겠어.

- Se me ponía la piel de gallina.
  소름이 쫙 끼쳤다.

우려

- ¡Qué lástima! / ¡Qué pena!
  너무 안됐다!

- Me preocupo de hacerlo.
  난 그것을 하는 것이 걱정이다.

- Estoy muy preocupado.　난 매우 걱정된다.

- Está inquieto.　불안하다.

- No ha sido tan bueno como lo que pensaba.
  생각했던 것처럼 그렇게 좋지는 않았다.

- Tengo miedo de caer enfermo.
  나는 병에 걸릴까 걱정이다.

- Ya no tengo otro remedio. / No me queda otra salida.
  내겐 이제 다른 방법이 없다.

놀람

- ¡Dios mío!　어머나!

- ¡Qué chica más guapa!　정말 예쁘다!

- ¡No lo creo!　믿을 수 없다!

- ¿Verdad?　진짜야?

- ¡No me digas!   말도 마라!
- ¿Estás seguro?   확실해?
- No consigo creerlo.   그것을 믿을 수 없다.

 아쉬움 / 동정심이 일 때

- Lo siento mucho. / Me da mucha pena.   애도를 표합니다.
- ¡Qué pena!   너무 슬퍼요!
- ¡Pobre gente!   불쌍한 사람들!
- Te comprendo.   널 이해한다.
- Siento mucho que hayas perdido el trabajo.
  네가 실직을 했다니 가슴이 아프다.
- Lamento mucho el fallecimiento de tu madre.
  네 어머님이 돌아가셨다니 매우 슬프다.

 화해할 때

- Perdón. / Disculpe. / Perdone.   죄송합니다.
- Fue sin querer.   고의가 아니었습니다.
- Todo ha sido culpa mía.
  모든 것이 제 불찰이었습니다.
- Te pido disculpas por mi error.
  제 실수에 용서를 구한다.
- No quería herir tus sentimientos.
  네 감정을 상하게 하고 싶지 않았다.
- No se va a repetir, te lo prometo.
  반복되지 않도록, 네게 약속한다.

 상관하고 싶지 않을 때

- Me da igual. / Me da lo mismo. 난 똑같다.
- Como quieras.   원하는 대로.
- No me importa.   내겐 중요치 않다(= 괜찮다).

- Eso no tiene nada que ver conmigo.
  그건 나와 관계가 없다.

- Eso no es asunto mío.
  그것은 내 일 아니다.

- No tengo ningún interés en eso.
  난 그것에 관심 없다.

 의심이 가거나 놀랐을 때

- ¿Es verdad?   맞아?
- ¿Es cierto?   정확합니까?
- ¿Estás completamente seguro?   완전히 확실하니?
- Lo dudo.   의심된다.
- Esta razón es poco creíble, ¿no?   이 이유가 미덥지 않다. 그렇지?
- Quizás. / Tal vez. / Puede ser.   아마도.

 안심될 때

- ¡Tranquilícese Ud.!
  안심하십시오.

- Se tranquilizó con lo que le dije.
  그는 내가 한 말을 듣고 안심했다.

- Ya estoy tranquilo.
  이제 안심이다.

- ¡Tranquilo!
  안심해라.

- ¡Tanto mejor!
  더욱 괜찮다(안심이다)!

- Eso ocurre siempre.
  그것은 항상 일어나는 것이다.

- ¡Relájate! No pienses más en eso.
  긴장 풀고, 그것에 대해 더 생각하지 마라!

30 가족
La familia

◆ EL VOCABULARIO ESPAÑOL ◆

abuelo(할아버지) / abuela(할머니)

tía 고모 / tío 고모부
이모   이모부

padre 아버지 / madre 어머니

primo 남자사촌   prima 여자사촌   hermana mayor 언니, 누나   hermano mayor 오빠, 형   yo 나   marido, esposo 남편

sobrino 남자조카   sobrina 여자조카   hija 딸   hijo 아들

nieto 손자   nieta 손녀

30. 가족   **111**

marido, esposo (남편)	↔	mujer, esposa (아내)
suegro (시아버지)	↔	suegra (시어머니)
cuñado (매형, 매부)	↔	cuñada (처제, 시누이, 형수)
yerno (사위)	↔	nuera (며느리)

 형제 · 자매

형 el hermano mayor	남동생 el hermano menor
언니, 누이 la hermana mayor	여동생 la hermana menor
남 쌍둥이 el gemelo	여 쌍둥이 la gemela
쌍둥이 형제 el hermano gemelo	쌍둥이 자매 la hermana gemela
세쌍둥이 los trillizos	네쌍둥이 los cuadrillizos
이복형제 el hermanastro	이복자매 la hermanastra

 나이의 변화에 따른 표현

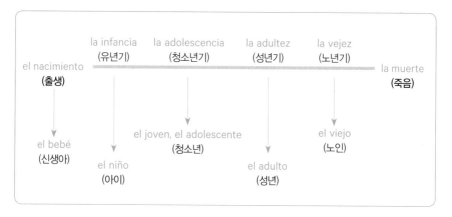

숫소 el buey
암소 la vaca
송아지 el ternero
말 el caballo
양 la oveja
돼지 el cerdo
염소 la cabra
개 el perro
고양이 el gato
고슴도치 el erizo
닭 el gallo
암탉 la gallina
달팽이 el caracol
토끼 el conejo
오리 el pato

칠면조 el pavo	거위 la oca	숫양 la oveja macho
암양 la oveja hembra	거북이 la tortuga	당나귀 el burro
어린양 el cordero	생쥐 la rata	까마귀 el cuervo
개구리 la rana	동물 el animal	병아리 el pollo

돌고래 el delfín

상어 el tiburón

가오리 la raya

오징어 먹물 la sepia

거북이 la tortuga

오징어 el calamar

복어 el pae-globo

불가사리 la estrellamar

문어 el pulpo

말미잘 la anemona de mar

게 el cangrejo

굴 la ostra	홍합 el mejillón
연어 el salmón	참치 el atún
새우 la gamba	바다가재 el bogavane
펭귄 el pingüino	대구 la pescadilla
고래 la ballena	가자미 el lenguado

호랑이 el tigre
코끼리 el elefante
사자 el león
뱀 la serpiente
여우 el zorro
낙타 el camello
원숭이 el mono
곰 el oso
기린 la jirafa
개구리 la rana
얼룩말 la cebra
악어 el cocodrilo

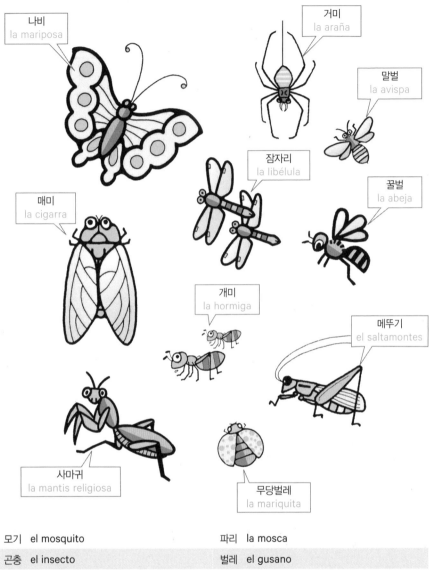

나비 la mariposa

거미 la araña

말벌 la avispa

잠자리 la libélula

꿀벌 la abeja

매미 la cigarra

개미 la hormiga

메뚜기 el saltamontes

사마귀 la mantis religiosa

무당벌레 la mariquita

모기 el mosquito	파리 la mosca
곤충 el insecto	벌레 el gusano
바퀴벌레 la cucaracha	나방 la mariposa nocturna
애벌레 la oruga	고치 el capullo
누에 el gusano de seda	풍뎅이 el abejorro
반딧불 la luciérnaga	귀뚜라미 el grillo

- la golondrina 제비   – 봄의 새 el pájaro de la primavera
- la paloma 비둘기   – 도시의 새 el pájaro de la ciudad
       – 순수와 평화의 상징 el símbolo de la pureza y de la paz
- la gaviota 갈매기   – 바다의 새 el pájaro del mar
- el cuervo 까마귀   – 검은새 el pájaro negro
- el loro 앵무새   – 말하는 새 el pájaro que habla
- el águila 독수리   – 힘의 상징 el símbolo de la fuerza
- el ruiseñor 꾀꼬리   – 노래하는 새 el pájaro que canta

소나무 el pino

야자수나무 la palmera

야자열매 el coco

나무 el árbol

솔방울 la piña

은행열매 la fruta del gingko

단풍나무 el arce

은행나무 el gingko

낙엽 las hojas muertas

버섯 el hongo

도토리 la bellota

나뭇잎 la hoja	나뭇가지 la rama	기둥 el tronco
뿌리 la raíz	줄기 el tallo	전나무 el abeto
느릅나무 el olmo	바오밥나무 el baobab	솔방울 la piña
너도밤나무 el haya	보리수 el tilo	월계수 el laurel
떡갈나무 el roble	플라타나스 el plátano de sombra	포플라 el álamo
밤 la castaña	밤나무 el castaño	버드나무 el sauce

은방울꽃 el muguete

카네이션 el clavel

국화 el crisantemo

튤립 el tulipán

민들레 el diente de león

장미 la rosa

수선화 el narciso

백합 la azucena

해바라기 el girasol

데이지 la margarita	제라늄 el geranio	라일락 el lilo
수국 la hortensia	수련 el nenúfar	무궁화 el hibisco
동백 la comelia	개나리 la campanilla de oro	진달래 la azalea
목련 la magnolia	코스모스 el cosmos	나팔꽃 el dondiego de día
난초 la orquídea	꽃잎 el pétalo	화분 la maceta de flores
꽃다발 el ramo	잔디 el césped	꽃봉오리 el botón

- Las flores nacen por primavera.   꽃은 봄이 되면 핀다.
- Se venden las uvas sin semillas.   씨 없는 포도를 판다.
- El tallo sostiene las hojas, flores y frutos.   줄기가 잎, 꽃, 열매를 받친다.
- Este árbol tiene las raíces muy hondas.   이 나무는 뿌리가 매우 깊다.

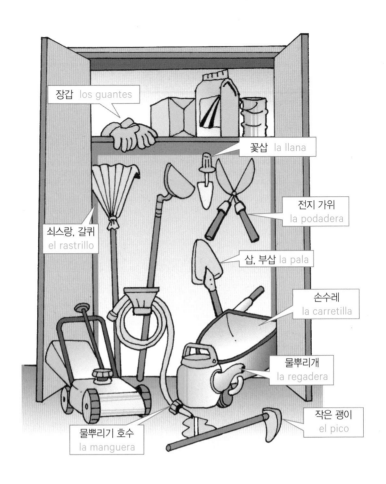

장갑 los guantes

꽃삽 la llana

전지 가위 la podadera

쇠스랑, 갈퀴 el rastrillo

삽, 부삽 la pala

손수레 la carretilla

물뿌리개 la regadera

작은 괭이 el pico

물뿌리기 호수 la manguera

목공일 el bricolaje	정원일 la jardinería	가래 la pala
연장 las herramientas	망치 el martillo	톱 la sierra
손전등 la linterna	대패 el cepillo de carpintero	밧줄 la cuerda
붓, 솔 la procha	드라이버 el destornillador	곡괭이 la azada
빗자루 la escoba	못 el clavo	집게 las pinzas
파리채 el matamoscas	쓰레기통 la papelera	소화기 el extintor
송곳 el punzón	가위 las tijeras	줄자 la cinta métrica
낫 la hoz	쓰레받기 el recogedor	
연장통 la caja de las herramientas		

- la rosa 장미
- la muguete 은방울꽃
- el crisantemo 국화

– 사랑의 상징 El símbolo del amor
– 행복의 상징 El símbolo de la felicidad
– 죽음의 꽃 La flor de la muerte

33 채소
La verdura

* EL VOCABULARIO ESPAÑOL *

늙은 호박 la calabaza   양배추 la col   오이 el pepino

양파 la cebolla   마늘 el ajo   강낭콩 la judía

옥수수 el maíz   당근 la zanahoria   버섯 el hongo

피망 el pimiento   감자 la batata   고추 el ají

가지 la berenjena   붉은 무 el nabo rojo   파 el puerro

무 el nabo	샐러리 el apio	완두콩 el quisante
칠리 la quindilla	상치 la lechuga	아보카도 el aguacate
시금치 la espinaca	토마토 el tomate	근대 la acelga
패퍼로니 el salchichón	기다란 호박 el calabacín	밀 el trigo

 조미료나 향신료

샐비어 la salvia	회향풀 el hinojo	백리향 el tomillo
계피 las ramas	박하 la menta	생강 la jengibre
마요라나 la mejorana	파슬리 el perejil	로즈마리 el romero
식초 el vinagre	사프란 el azafrán	겨자 la mostaza
후추 la pimienta	오일 el aceite	소금 la sal
설탕 el azúcar	소스 la salsa	이스트 la levadura

 견과류

땅콩 el cacahuete	호두 la nuez
잣 el piñón	헤이즐넛 la avellana
코코넛 el coco	피스타치오 el pistacho
아몬드 la almendra	해바라기씨 la pipa de girasol

34 과일
La fruta

딸기 la fresa

사과 la manzana

바나나 el plátano

감 el caquí

버찌 la cereza

참외 el melón amarillo

복숭아 el melocotón

파인애플 la piña

포도 la uva

석류 la granada

메론 el melón

수박 la sandía

산딸기 la frambuesa	자두 la ciruela	배 la pera
살구 la albaricoque	오렌지 la naranja	레몬 el limón
오디 la mora	무화과 el higo	키위 el kiwi
자몽 el pomelo	망고 el mango	밀감 la mandarina

- la manzana   사과
- la pera   배
- la oliva   올리브
- la nuez   호두
- el pomelo   자몽
- el melocotón   복숭아
- la cereza   버찌
- la uva   포도
- el higo   무화과

– el manzano   사과나무
– el peral   배나무
– el olivo   올리브나무
– el nogal   호두나무
– el toronjo   자몽나무
– el melocotonero   복숭아나무
– el cerezo   버찌나무
– la vid   포도나무
– la higuera   무화과 나무

③⑤ 자연과 자연 재해
La naturaleza y La catástrope natural

◆AUDIO

절벽, 낭떠러지 el cantilado

윈드서핑 el windsurfing

배 el barco

구명조끼 el chaleco salvavidas

모래 la arena

바다 el mar

자갈 el guijarro

조약돌 la piedra

바위 la roca	파도 la ola	연안, 해안 la costa
부두 el puerto	해변, 바닷가 la playa	잔잔한 바다 la mar bonanza
거친 바다 la mar alta	조수 la marea	담수 el agua dulce
강 el río	호수 el lago	도시의 하안 la orilla
염수 el agua salada		

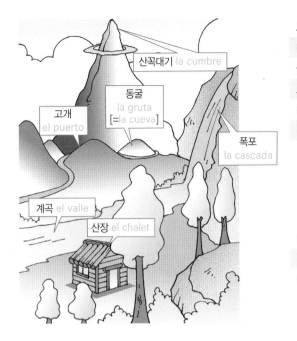

고도 la altitud

비탈길 la cuesta

급류 el torrente

오두막 la cabaña

평원 la llanura

작은 언덕 la loma

풀밭 el prado

언덕, 구릉 la colina

작은 마을, 촌 la aldea

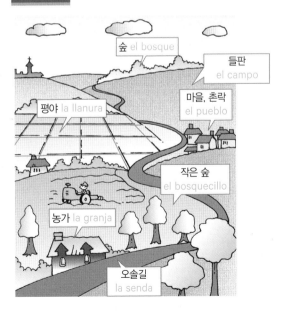

작은 마을 el burgo

동네, 지역 el barrio

평원 la llanura

시골, 전원 el campo, la provincia

자연 재해

홍수	la inundación	눈사태	el alud
태풍	el tifón	활화산	el volcán vivo
산불	el incendio forestal	폭풍우	la tormenta
지진	el terremoto	해일	el maremoto
벼락	el rayo	폭풍	la tempestad

36 색깔－I
El color - I

 색깔 형용사

남성		여성	남성		여성
빨강 rojo	–	roja	노랑 amarillo	–	amarilla
파랑 azul	–	azul	회색 gris	–	gris
하양 blanco	–	blanca	적갈색 rojizo	–	rojiza
자주색 malva	–	malva	주황 anaranjado	–	anaranjada
초록 verde	–	verde	검정 negro	–	negra
베이지 beige	–	beige	보라 violeta	–	violeta
밤색 marrón	–	marrón	크림색 crema	–	crema

불그스름한 rojeante

푸르스름한 azulenco

거무스름한 negruzco

스카이블루 azul celeste

청록색 azul verde

세로 줄무늬로 de rayos longitudinales

원색의 de color primario

체크무늬의 de cuadros

밝은 claro

불투명한 opaco

아주 대조적인 muy contrastante

초록빛이 도는 verdeante

누르스름한 amarillento

희끄무레한 blancozo

감색 azul marino

점점이 찍힌 de puntos

가로 줄무늬로 de rayos transversales

흑백 blanco y negro

혼방의 de mezcla

진한 oscuro

빛이 나는 brillante

약간 대조적인 un poco contrastante

37 색깔-Ⅱ
El color - Ⅱ

 el rojo(빨간색) – la pasión(열정) / la fuerza(힘)

- Se usó un hierro al rojo. 새빨갛게 단 쇠가 사용되었다.
- Los ánimos estaban al rojo, y en cualquier momento podía surgir una pelea. 몹시 격앙된 분위기여서 시시각각 싸움이 일어날 수도 있었다.
- La cuenta está en números rojos. 장부의 끝은 적자다.
- Ella se puso roja. 그녀는 얼굴이 붉어 졌다.

 el amarillo(노란색) – la alegría;(즐거움) / la acción(행동)

- La tela amarilla. 노란색 천
- La raza amarilla mongólica. 황색 인종
- El papel se había puesto amarillo con el paso del tiempo.
  세월이 지나 종이가 누렇게 변했다.
- La prensa amarilla. 황색신문(흥미 본위의 선정적 신문).

 el verde(초록색) – la naturaleza(자연)

- El espacio verde. 녹지대
- El semáforo está verde. 신호가 푸르다.
- Ese jugador está verde. 그 선수가 미숙하다.
- Él me puso verde. 그는 나에게 욕설을 퍼부었다.

 el azul(파란색) – la paz(평화) / la sabiduría(지혜)

- El azul celeste. 하늘색

- El azul marino. 감색(甘色)
- El azul ultramarino. 군청(群靑)색
- El príncipe azul. 백마 탄 왕자.
- Él tiene los ojos azul verdoso. 그는 푸른빛이 도는 파란색 눈을 가졌다.
- El vestido era de un azul más claro. 옷은 더 밝은 파란색이었다.

el blanco(하얀색) – la pureza(순수함) / la verdad(진리)

- Di en el blanco. 나는 표적에 명중시켰다.
- La actriz era el blanco de todas las miradas.
  그 여배우는 모든 사람들의 주목 대상이었다.
- Di el voto en blanco. 난 백지 투표를 했다.
- Me quedé en blanco. 나는 이해가 안 되었다.
- Quisiera buscar la televisión en blanco y negro.
  나는 흑백텔레비전을 구했으면 합니다.
- Ella no distingue lo blanco de lo negro.
  그녀는 낫놓고 기역자도 모른다.

el negro(검정색) – la tristeza(슬픔) / la muerte(죽음)

- Ella tiene el cabello negro. 그녀는 검은 머리카락을 가졌다.
- No me pongas negro. 나를 많이 화나게 하지 마라.
- Él se puso negro. 그는 무척 화를 냈다.
- Marco siempre trabaja como un negro.
  마르꼬는 항상 열심히 일을 한다.

- ¿De qué color es? 무슨 색이냐?
- Daré color amarillo a esta caja. 이 상자를 노란색으로 칠하겠다.
- Le sorprendí mintiendo y se puso de mil colores.
  내가 그에게 거짓말을 해서 놀라게 했더니, 그는 얼굴이 붉으락푸르락 했다.
- A ella le salen los colores a la cara. 그녀는 부끄러워 얼굴을 붉혔다.
- Lo veo de color de rosa todo. 나는 모든 것을 낙관적으로 본다.

참을성 없는
impaciente

총명한, 지적인
inteligente

게으른, 무기력한
perezoso

끈기있는 paciente

바보스런 tonto

충동적인 impulsivo

신중한 prudente

수다스런 charlatán

과묵한 taciturno

완고한, 고집불통의 terco

냉담한 indiferente

큰 grande

작은 pequeño

날씬한 delgado

살찐 gordo

유연한 flexible

뻣뻣한 rígido

마른 flaco

포동포동한 rechoncho

활동적인 activo

둥근
redonda

긴 alargada
타원형의 oval

각진 cuadrada
삼각형의 triangular

✦TIP Él es muy bajo. ··· bajo ··· de talla media ··· alto ··· muy alto ··· demasiado alto
그는 아주 작다 ··· 작다 ··· 중간 키이다 ··· 크다 ··· 아주 크다 ··· 대단히 크다

✦TIP Ella es   flaca. ···   delgada ···   rechoncha ···   gorda ···   obesa
그녀는   말랐다 ···   날씬하다 ···   포동포동하다 ···   살쪘다 ···   비만이다

39 수-Ⅰ
El número - Ⅰ

기수 (los números cardinales)

0

0 cero

1 uno

2 dos

3 tres

4 cuatro

5 cinco

6 seis

7 siete

8 ocho

9 nueve

10 diez

11	once	21	veintiuno
12	doce	22	veintidós
13	trece	23	veintitrés
14	catorce	24	veinticuatro
15	quince	25	veinticinco
16	dieciséis	26	veintiséis
17	diecisiete	27	veintisiete
18	dieciocho	28	veintiocho
19	diecinueve	29	veintinueve

20	veinte	30	treinta
31	treinta y uno	81	ochenta y uno
40	cuarenta	90	noventa
41	cuarenta y uno	91	noventa y uno
50	cincuenta	100	cien to)
51	cincuenta y uno	1000	mil
60	sesenta	100.000	cien mil
61	sesenta y uno	1.000.000	un millón
70	setenta	10.000.000	diez millones
71	setenta y uno	1000.000.000	mil millones
80	ochenta	1000.000.000.000	un billón

기수에서 남여를 구별하는 경우는 숫자 1과 200부터 900까지의 100단위의 경우에 남여가 구별됨에
유의하자.

· un libro   한 권의 책
· una rosa   한 송이의 장미
· doscientos libros   200권의 책
· doscientas rosas   200송이의 장미

 서수 (los números ordinales)

· La familia es lo primero.   가족이 우선이다.
· Ese asunto no se me da un cuarto.   그 사건은 나와 관계없는 일이다.
· No tengo un cuarto.   난 한 푼도 없다.
· Compré un diccionario de la lengua española en la librería de segunda mano.
  난 중고 서적에서 스페인어 언어학 사전을 한권 샀다.
· Este comercio es un poco caro, pero a cambio de eso venden productos de
  primera.
  이 상가는 약간 비싸지만, 그 반면에 고급 제품을 판다.

서수는 남여의 구별이 있으며, 여성의 경우에 어미는 '~o'를 '~a'로 변경해서 사용함에 주의하자. 20부터 10단위의 어미는 '~gésimo(a)'로 끝남을 꼭 확인해 두자.

1°	primero	12°	duodécimo
2°	segundo	13°	décimo tercero
3°	tercero	20°	vigésimo
4°	cuarto	30°	trigésimo
5°	quinto	40°	cuadragésimo
6°	sexto	50°	quincuagésimo
7°	séptimo	60°	sexagésimo
8°	octavo	70°	septuagésimo
9°	noveno	80°	octogésimo
10°	décimo	90°	nonagésimo
11°	undécimo	100°	centésimo

◇ EL VOCABULARIO ESPAÑOL ◇

Los números pares (짝수)   **Los números impares (홀수)**

 분수 (La fracción)

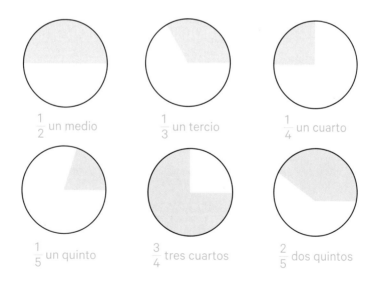

$\frac{1}{2}$ un medio $\frac{1}{3}$ un tercio $\frac{1}{4}$ un cuarto

$\frac{1}{5}$ un quinto $\frac{3}{4}$ tres cuartos $\frac{2}{5}$ dos quintos

- la adición (더하기) : 2+5=7 (dos más cinco son siete)
- la sustracción (빼기) : 9-3=6 (nueve menos tres son seis)
- la multiplicación (곱하기) : 4×5=20 (cuatro por cinco son veinte)
- la división (나누기) : 16÷2=8 (dieciséis dividido por dos son ocho)

백분율	el porcentaje : 8%(ocho por ciento)		
어림수	el número redondo	실수	el número exacto
2배	doble	3배	triple
4배	cuádruplo	1000㎡	mil metros cuadrados
5^3	tercera potencia de cinco	계산하다	contar

- a dos por tres 민첩하면서도 확실하게
- como dos y dos son cuatro 분명히, 명확하게
- de dos en dos 둘씩 갈라져서
- en dos por tres 즉각, 신속하게
- hacer un dos (부은 술을) 둘로 나누다
- tomar el dos 가버리다, 줄행랑치다
- de tres al cuarto 별로 가치 없는
- no ver tres en un burro 무척 근시안이다
- y tres más 아무렴, 그렇고말고
- sin cinco 돈 없이
- echar[=dar] con los ochos y los nueves (누구에게) 실컷 불평을 늘어 놓다.
- cien por cien 완전히

부가세   IVA(Impuesto al Valor Agregado)

단가   CU(Coste Unitario)

면세   Libre de Impuesto

세금포함가   los impuestos incluidos

원가   el precio de coste

시가   el precio de mercado

정가   el precio neto

지불총액   el total

지불   el pago

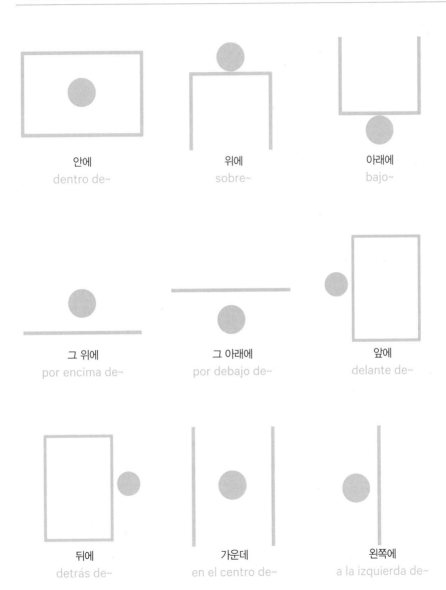

안에
dentro de~

위에
sobre~

아래에
bajo~

그 위에
por encima de~

그 아래에
por debajo de~

앞에
delante de~

뒤에
detrás de~

가운데
en el centro de~

왼쪽에
a la izquierda de~

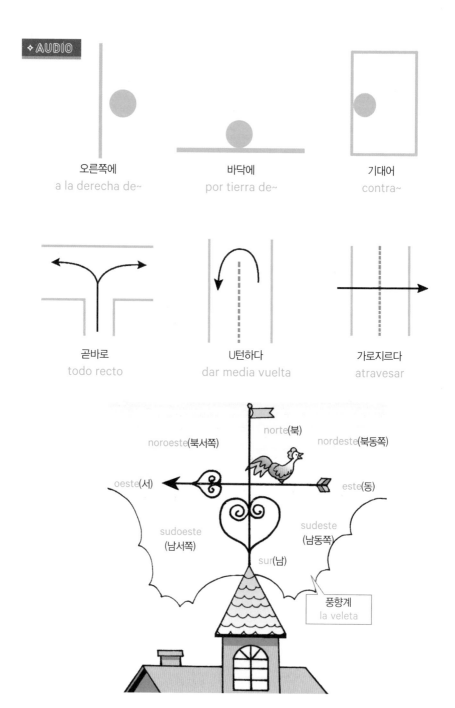

오른쪽에
a la derecha de~

바닥에
por tierra de~

기대어
contra~

곧바로
todo recto

U턴하다
dar media vuelta

가로지르다
atravesar

norte(북)

noroeste(북서쪽)

nordeste(북동쪽)

oeste(서)

este(동)

sudoeste
(남서쪽)

sudeste
(남동쪽)

sur(남)

풍향계
la veleta

- ¿Dónde está el lápiz?
  연필은 어디에 있지요?

- Está sobre la mesa.
  탁자 위에 있어요.

- ¿Está su coche detrás de Correos?
  당신의 차는 우체국 뒤에 있습니까?

- No, está delante de Correos.
  아뇨, 우체국 앞에 있습니다.

- ¿Dónde está el museo de Picasso?
  피카소 박물관이 어디에 있습니까?

- ¿Está a la derecha o a la izquierda?
  오른쪽에에 있나요? 아니면 왼쪽에 있나요?

- No, vaya todo recto[= derecho].
  아닙니다. 똑바로 가세요.

✦ TIP Remarques:

- todo derecho (부사)   똑바로
- a la derecha (명사)   오른쪽으로
- No tiene derecho a hacerlo. (명사)   당신은 그럴 권리가 없다.
- Me duele el brazo derecho. (형용사)   오른팔이 아프다.

| 가로등 el farol |
| 인도 la acera |
| 대로 el bulevar |
| 사거리 el cruce |
| 교통경찰 un policía de la circulación |
| 신호등 el semáforo |
| 횡단보도 el paso de peatones |
| 찻길 la carretera |
| 보행자 el peatón |
| 주차장 el lugar de aparcamiento |

거리 la calle	로터리 la rotonda
무료의 gratuito	유료의 que paga

주차요금 미터 el parquímetro

원형 교차로 la glorieta

지하주차장 el lugar de aparcamiento subterráneo

보도 위를 걷다 caminar por la acera

차도를 건너다 atravesar la carretera

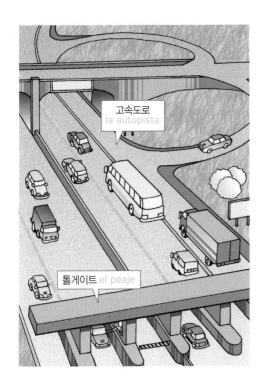

고속도로 la autopista

톨게이트 el peaje

벌금 la multa

커브돌기 el virage

추월하다 duplicar

통행금지 Dirección prohibida

일방통행 Dirección única

주의 la atención

위험 el peligro

차고 el garaje

공사중 en construcción

신호등 el semáforo

트럭 el camión

교통체증 el atasco

자전거 도로 la pista para bicicletas

교차로 el cruce

속도제한 la limitación de velocidad

혼잡한 시간 la hora tope

우회로 la derivación

자갈길 el pedregal

유턴금지 Prohibido dar media vuelta

주차금지 Prohibido aparcar

횡단보도 el paso de peatones

미끄러운 도로 el pavimento deslizante

국도 la carretera nacional

속도를 늦추시오 Reducir la velocidad

좁아지는 길 la carretera estrecha

전조등을 켜시오 Encender los faros

43 공연과 전시
El espectáculo y La exposición

막
el telón

조명
el enfoque

발코니
el balcón

무대
el escenario

오케스트라 박스
el foso de la orquesta

지휘자
el director de orquesta

좌석
la butaca

전시회	la exposición	영화관	el cine

전시회   la exposición

극장   el teatro

관객   el público

좌석의 열   la fila

맨꼭대기 좌석   el gallinero

스타   la estrella

보조 접이의자   el traspontín

좌석예약   la reservación

영화인   el cineasta

주연   el personaje principal

필름   el carrete

의상   el vestuario

상영   la representación

휴관일   el día de descanso

휴관하다   hacer el día de descanso

더빙   el doblaje

자막있는 원어판   la versión original de subtítulo

영화관   el cine

오페라극장   el teatro de la ópera

칸막이 좌석   el palco

옷 맡기는 곳   el guardarropa

포스터   el póster

와이드 스크린   la gran pantalla

남배우(여배우)   el actor(la actriz)

오페라 글라스   los prismáticos de teatro

연출가, 영화감독   el director

조연   el personaje secundario

무대장치   el decorado

막간   el entreacto

영화애호가   el cinéfilo

매표소   la boletería

리허설   la práctica

스페인어 더빙   la versión española

44 책
El libro

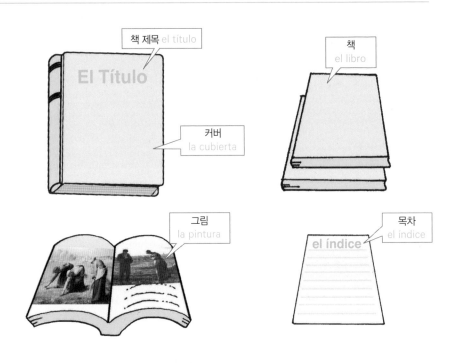

책 제목 el título

El Título

커버 la cubierta

책 el libro

그림 la pintura

목차 el índice

el índice

페이지 la página	(저서의) 헌사 la dedicatoria
(책의) 장 el capítulo	관보 la jornada oficial
종잇장 la hoja	일간지 el diario, el periódico
정기 간행물 el periódico	주간지 el semanario
월간지 la revista mensual	책의 낱장 표시 la sobrecubierta
목차 el índice, la tabla de materia	어린이 잡지 la revista para los niños
잡지 la revista	

잡지를 정기 구독하다 estar subscrito a una revista

(중고책)고서 장수 el librero de viejo

요리책 el libro de recetas [=la cocina]	역사책 el libro de historia
에세이 el ensayo	관광가이드 la guía turística
위인전 la biografía	자서전 la autobiografía
시집 la selección de poesía	사전 el diccionario
소설 la novela	단편소설 la novela corta
탐정소설 la novela policíaca	공상과학소설 la novela científica
대하소설 el folletín	동화 el cuento
장정본 el libro encuadernado	절판본 el libro agotado
서점 la librería	만화책 el comic
헌책방 la librería de viejo	도서관 la biblioteca

45 식사
La comida

하루의 식사

el desayuno	–	el almuerzo	–	la merienda	–	la cena
아침식사		점심식사		간식		저녁식사

식사 순서

el aperitivo	–	el entrante	–	la sopa	–	la comida principal
식전 술		전채요리		수프		주요리

–	el acompañamiento	–	el queso	–	el postre
곁들인 요리		치즈		후식	

크루아상
el croissant

팬케이크(크레프)
los crepes

토스트
la tostada

와플
los gofres

핫도그
el perrito caliente

햄버거
la hamburguesa

또르띠야(오믈렛)
la tortilla

크로크 무슈
el mixto de jamón y queso

샌드위치
el bocadillo

달팽이 요리
el caracol

파이
la tarta

반숙달걀
el huevo pasado por agua

아이스크림
el helado

셔벳
el sorbete

 포도주(el vino)/ 샴페인(el champán) ◆AUDIO

적포도주	el vino tinto	백포도주	el vino blanco
로즈와인	el vino rosado	샴페인	el champán

칠레 꼰 께소
(멕시코식 치즈요리)
Chile con queso

따꼬(멕시코식 요리)
Taco

께사디야 (멕시코식 요리)
Quesadilla

하얀 치즈
(스페인식 치즈)
Queso blanco

상그리아
(스페인식 와인 칵테일)
Sangría

DOP 치즈(만차 지방)
Queso con Denominación de
Origen Protegida de La
Mancha

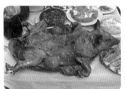

구운 새끼돼지요리
(까스띠야와 레온 지방)
Cochinillo asado

삶은 왕새우요리
(말라가 지방)
Gambas cocidas

갈리시아식 문어요리
(갈리시아 지방)
Pulpo a feira

끌로치나스 홍합요리
(발렌시아 지방)
Clochinas

파바다 콩요리
(아스뚜리아스 지방)
La fabada

빠빠스 아루가다스 통감자요리
(까나리아스 지방)
Las papas arrugadas

중국요리 la comida china

한국요리 la comida coreana

프랑스요리 la comida francesa

일본요리 la comida japonesa

이탈리아요리 la comida italiana

인도요리 la comida india

일품요리 la comida de especialidad

오늘의 요리 la comida de hoy

쇠고기 la carne de res

생선 el pescado

돼지고기 la carne de cerdo

빵 el pan

양고기 la carne de cordero

치즈 el queso

닭고기 la carne de pollo

파이 la tarta

해물요리 el marisco

밥 el arroz

고기 la carne

만두 el ravioli

샐러드 la ensalada

스프 la sopa

정어리 la sardina

음료 la bebida

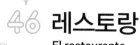

레스토랑
El restaurante

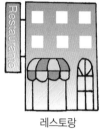

레스토랑
el restaurante

맥주집
la cervecería

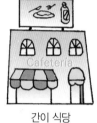

간이 식당
el pequeño café

카페
la cafetería

찻집
el salón de té

바
el bar

주점
la taberna

담배가게
el estanco/
la tabaquería

구내 식당
el comedor

패스트푸드점
el restaurante
rápido

웨이터 el camarero

메뉴판 la carta de menú

오늘의 정식 el menú del día

포도주 감별사 el sumiller

주방장 el cocinero principal

테라스 la terraza

정식 el cubierto

미식가 el gastrónomo

요리사 el cocinero

후식 el postre

 la cocción (고기 익힘 정도)

익히지 않은 cruda

약간 익힌 un poco roja

아주 잘 익힌 bien asada[cocida]

아주 약간 익힌 poco asada

중간 정도 익힌 a término medio

 따뜻한 음료 (la bebida caliente)

커피 el café

밀크 커피 el café con leche

크림 커피 el café a la crema

차 el té

블랙 커피 el café solo

코코아 el chocolate

 찬 음료 (la bebida fría)

물 el agua potable

소다수 la gaseosa

아이스 커피 el café con hielo

레몬에이드 la limonada

과일 주스 el jugo de fruta

콜라 la cocacola

우유 la leche

레몬 주스 el zumo de limón

재떨이 el cenicero	포크 el tenedor	접시 el plato
유리잔 el vaso cristal	소금 la sal	컵 la taza
후추 la pimienta	숟가락 la cuchara	차 숟가락 la cucharita
칼 el cuchillo	설탕 el azúcar	냅킨 la servilleta
식탁보 el mantel	젓가락 los palillos	계산서 el recibo
팁 la propina	카드로 por la tarjeta de crédito	현금으로 en efectivo, al contado

- Este es un restaurante de lujo [económico].
  이곳은 고급 [저렴한] 식당이다.

- Tenemos una reservación a nombre de HAFS.
  우리는 HAFS라는 이름으로 예약을 했습니다.

- ¿Nos puede dar una mesa en el rincón [cerca de la ventana]?
  우리에게 구석자리 [창가자리]를 줄 수 있나요?

- ¿Desean Uds. algún aperitivo?
  어떤 전채요리를 원하시나요?

- ¿Nos puede traer el menú [= la carta]?
  우리에게 메뉴판을 가져다 줄 수 있나요?

- De primer plato voy a pedir una sopa.
  첫번째로 난 스프를 주문할 것이다.

- ¡Buen provecho!
  맛있게 드세요!

- ¿Cómo le gusta la carne?
  고기를 어떻게 원하시나요?

- A mí me gusta bien asada.
  저는 잘 익혀주세요.

백화점

los grandes almacenes

벼룩시장

El Rastro

슈퍼마켓

el supermercado

치즈가게

la quesería

식료품가게

la tienda de comestibles

정육점

la carnicería

돼지고기 점

la tienda de embutidos

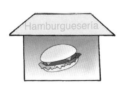

햄버거 집

la hamburguesería

제과점

la pastelería

빵집

la panadería

미용실

la peluquería

약국

la farmacia

세탁소
la tintorería

문방구
la papelería

서점
la librería

생선가게
la pescadería

향수가게
la perfumería

보석가게
la joyería

가게
la tienda de ropa

가두판매점
el quiosco

여행사
la agencia de viaje

유제품 판매점
la mantequería / la lechería

빵집주인   el panadero / la panadera

정육점주인   el carnicero / la carnicera

식료품점주인   el tendero / la tendera

제과점 주인   el pastelero / la pastelera

생선가게 장수   el pescadero / la pescadera

세탁소 주인   el tintorero / la tintorera

보석가게 주인   el joyero / la joyera

세일 los saldos	짐수레 la carretilla
계산대 la caja	진열대 el escaparate
라벨 la etiqueta	점원 el dependiente / la dependienta
바구니 el cesto	손님 el [la] cliente
선물용 포장 el paquete regalo	집으로 배달 el reparto a domicilio
계산원 el cajero / la cajera	쇼핑백 la bolsa de la compra

 가격을 묻고 답하기

• ¿Cuánto vale [cuesta, es]?   얼마입니까?

• ¿Cuánto cuesta todo?   합이 모두 얼마입니까?

• Es barato(a).   싸네요.

• Es muy caro(a).   너무 비싸요.

• Es razonable.   적당하네요.